日本語教育学の新潮流 20

「多文化グループワーク」による言語と文化の創造学習
知識科学の視点から見る
アクティブ・ラーニング

李暁燕

Multicultural group work
in creative learning on language and culture:
Active learning from a knowledge science perspective

First published 2017
Printed in Japan

All rights reserved
©Li Xiaoyan, 2017

Coco Publishing Co., Ltd.

ISBN 978-4-904595-96-1

はじめに

　ヒト・モノ・カネ・情報などがかつてないスピードで地球規模に行き交う「グローバル時代」において、世界で活躍できる「グローバル人材」が強く求められている。グローバル人材というと、いろいろな国の言葉を操り、多様な文化背景の人たちとコミュニケーションできるというイメージを持ちやすい。しかし、このような複言語・複文化性は、外国につながりを持つ家庭環境にある者に限定された特殊なものではない。現代社会に生活している人たちの誰もが複言語・複文化性を持ちうるし、現に持っていると言えよう。なぜなら、私たちは成長し、社会と関わりを持つ中で、どのような教育を受けたかにかかわらず、様々なレベルでいくつかの言語や多種多様な集団レベルの文化に触れているからである。このようなグローバル社会に身を置く私たちが、外国語や外国文化を学習する目的は何だろうか？ 語彙量を増やして言語的・文化的知識を獲得することはもちろん重要だが、多文化共生の社会で、異なる文化的背景を持つ人たちとともに生活し、ともに仕事ができるような、自己表現と他者理解の力を育むことのほうがより重要ではないだろうか。

　しかし、言語習得臨界期を過ぎてからの第二言語の習得は、母語のようにはいかない。日常生活のレベルで第二言語を十分使える人であっても、第二言語で真正面から議論を交わす際には、自分の考えを言葉で十分に表現することができず、誤解が生じたり、黙り込んだりすることも多いのではないか。第二言語習得と母語獲得の間になぜ巨大な壁があるのか、母語獲得と比べ、第二言語習得は一体どこが難しいのか、そしてなぜ母語獲得のプロセスに可能な限り近づいて言葉を学べないのか。これまでの言語教育論ではこれらの点について十分に論じられてこなかっ

た。第二言語習得は白紙状態から母語を体得する母語獲得と異なり、言葉で整理された文字・語彙・文法などを学ぶことが多いので、言葉で整理できない、いわゆる「暗黙的知識」については非常に習得が困難である。しかし、明示的知識と暗黙的知識の性質を分析するのに有効な方法論である「知識科学」の視点を導入することによって、人と人の協働による言語・文化の知識の変容を分析し、第二言語習得のプロセスを科学的に考察することができる。それによって、第二言語習得の困難な点を説明するための一つのアプローチが可能になる。

これまで筆者は、日本語教育の現場に身を置きながら研究活動を実践してきた。私は、中国と日本で日本語を教えてきたが、この中国と日本という二つの日本語教育現場で遭遇したもっとも大きな問題は、教室での日本語と実社会での日本語のギャップである。所属した大学院で筆者が企画運営した「言語文化研究会」[1]のインタビュー調査によると、中国の大学の日本語学科を卒業して日本の大学院の修士課程に入った学生たちが来日一年目で最も困ったことは「対人関係」であった。「日本語の単語や文型はわかるが、相手がそれによって何を言いたいのかがよくわからない」という彼らのレポートの記述から推測できるように、日本人との対人関係構築の難しさは「日本語の曖昧さ」や「言外の意味」に起因している場合が多い。そこで筆者は、教育現場で遭遇した、教室日本語と実社会での日本語のギャップの要因が、「言語」と「文化」の教育が分離して行われている点にあると考え、言語と文化を統合的に学習する教育方法論を確立すべきという問題意識を持つようになった。

筆者の勤めていた中国の某外国語大学は、日本語学科の学生を年に600人ほど募集しており、日本語学習者が83万人[2]を超える中国の中でも規模の大きい日本語教育機関である。筆者は、主に言語の習得を中心とする「日本語精読」と、日本文化を中心として取り扱う「日本事情」および「日本文化概論」という科目を担当した。1クラス約30人の「日本語精読」クラスでは、言語的知識を教えるだけでなく、ディスカッションなどで学習者一人ひとりの意見を引き出すことを目指した。それによって、学習者との協働の満足感は得られたが、大学の求める進度の統一や日本語能力試験などの受験事情を無視することはできず、言語教育に文化要素を盛り込むという筆者のねらいを深めることはできなかっ

た。一方、「日本事情」と「日本文化概論」のクラスでは、ステレオタイプの習得にならないように努めた。日本について総合的に紹介するために、日本社会を紹介するテレビ番組を収録したビデオなど生の素材も集めて利用したが、150人から200人の大きなクラスでは、学習者がテレビ番組のビデオを見て楽しむだけで満足し、そこで使われている日本語表現や文化現象に注意を向けることは少なく、意見交換の場になることは難しかった。そして、言語と文化を切り離して教えるのではなく、言語と文化を統合して教えることによって、学習者がそれらをコミュニケーションのツールとして応用できるようにし、教室を学習者一人ひとりの「顔」が見え意見が伝わる〈場〉にできないのか、という強い焦燥感を抱いた。このような思いが筆者の研究動機となった。

　以上の問題意識と研究動機に基づき、本研究は知識科学（Knowledge Science）の視点から言語・文化・コミュニケーションを見直し、クリエイティブ・ラーニング（創造的な学習）による言語と文化の統合的習得のあり方を考察する。知識科学は、知識がどのように創造、共有、活用されているかを研究する学問である[3]。「知識」は本に書いてあるもの、つまり言葉で説明されているものというイメージが強いが、知識科学では、知識を言葉で置き換えることができない暗黙的なノウハウや知恵も含まれるダイナミックなものとして捉えている。言語・文化は言葉で人に伝えられる部分もあるが、言葉をどのように用いるかというメカニズムや文化の深層における意味など、言葉で伝えられないものも多い。教科書で体系的に説明されている文法が典型的な明示的知識（形式知）であるのに対して、現実社会の文化のほとんどが暗黙的知識である[4]（Li & Umemoto 2010）。つまり、「語ることができるよりも多くのことを知ることができる」（ポランニー[5]1980）のである。文法規則、発音ルールなど意識的に習得される知識は明示的知識だが、それらを頻繁に使うことによって自動的に用いることができるようになれば、それは暗黙的知識となる。また外から見えるがその意味は推測するしかない行動パターンや、言外の意味を推測するしかない言語表現などは暗黙的知識の共有を前提にしている。それらの暗黙的知識の部分を言葉にすれば明示的知識に転換されることになるが、暗黙的知識を完全に言語化して学習者と共有することは非常に難しい。この点にこそ、第二言語教育においてステレオ

タイプが生じる根本的要因がある（李2014）。そこで、本書は言語・文化を統合して知識としての言語文化[6]を見直そうとするものである。

　言語・文化は社会的性質を持っており、これまで社会レベルのものだと捉えられてきたが[7]、第二言語習得および異文化コミュニケーションの分野においては、個人の立場で言語文化を考察する必要がある。日本語教育界では、筆者の見るところ、言語と文化を結ぶ教育を考え、実践してきた日本語教育研究者としては、「学習者主体の総合活動型教育」を提唱した細川英雄（2002b, 2003）を挙げることができる。細川（2003）は個人の立場で文化を論じ、文化とは「集団としての「社会」の中にあるのではなく、人間一人一人の個人の中にある暗黙知の総体である」と、「個の文化」を強調した。そして、学習者主体の総合活動型教育においては、言語と文化はすべて学習者個人の中にあるという立場に立って、学習者自身が主体的に問題を発見し解決することを目標とし、教師は彼らの思考と表現を支援するものだと論じた（細川2002b, 2003）。

　言語と文化の関係は第1章で後述するが、「一つのコインの両面」というメタファーで表現されるように分離不可能である（Seely 1984, Kramsch 1998）。また、「言語文化」の定義については、細川の研究では必ずしもはっきりとは定義されていないが、本書では、言語的・文化的知識を全体として捉え、そのすべての総合体を「言語文化」と定義する。そして、社会の中にある集団レベルの言語文化も個人の文化と緊密に関わると考え、言語的知識と文化的知識のそれぞれの構成要素からなる自分についての知識を「セルフ・ナレッジ」と定義した（李2011）。言い換えれば、個々人が様々な集団レベルの文化をそれぞれの組み合わせとして内面化したものが「セルフ・ナレッジ」であり、人は誰しも、この世界とつながろうとして、常に様々な集団レベルの文化にふれあい、セルフ・ナレッジを豊かにし続けていると考えられる。

　言語の習得は世界とつながる活動の代表的なものであろう。1970年代から発展してきた「活動理論」は、学習における協働の理論的土台として、人々の協働（collaboration）による文化的・歴史的な「活動システム」[8]を研究の基本的な分析単位としている（エンゲストローム1999）。学習活動とは、いくつかの行為群から一つの新たな活動への拡張を習得することである。「伝統的な学校教育が本質的には主体を生産する活動であり、

伝統的な科学が本質的には道具を生産する活動であるのに対して、学習活動は、活動を生産する活動である」（エンゲストローム 1999: 141）。エンゲストローム（1999）の活動理論の特徴は、「学習」のあり方について、人間の学習は集合的活動によって達成されるものであり、学習は活動システムの中にあるとともに活動システムそのものについて学習することも含まれる、と見る点にある。本書では、第二言語習得を人間社会での活動を生産するための活動と捉え、言語習得を一種のクリエイティブ・ラーニングだと考える。そこで、母語習得のプロセスに可能な限り近づくよう、「活動」を通じて第二言語（その文化も含めて、以下も「第二言語文化」を「第二言語」で表すことにする）を習得するメカニズムを考察する。そして、「知識はいかに創造・共有・活用されるのか」という知識科学の視点からエンゲストローム（1999）の活動システムのモデルを使って分析していく。

　こうした方法的枠組みのもとに、筆者は、細川（1999a, 2002a, 2002b, 2003, 2007）の活動型教育（早稲田大学大学院日本語教育研究科の活動型教育）の「考えるための日本語」クラスに注目し、2010年の春学期にそのクラスを参与観察し、個人およびグループレベルの知識変容と各メンバーの人間成長を分析する事例研究を行った（本書第3章から第7章）。具体的には、以下のメジャー・リサーチ・クエスチョン（MRQ）および三つのサブシディアリー・リサーチ・クエスチョン（SRQs）に答える形をとった[9]。

MRQ：早稲田大学活動型教育において、多文化グループワークはいかに行われたのか？
SRQ1：多文化グループワークにおいて、メンバーはいかに学んだのか？
SRQ2：多文化グループワークにおいて、メンバーはどのように変化したのか？
SRQ3：多文化グループワークにおいて、ファシリテーター[10]と教師はいかにグループワーク活動を促進したのか？

　この事例研究の基本的な分析方法は、修正版グラウンデッド・セオリー・アプローチ（M-GTA）[11]の手法であり、質的データ分析ソフトウェ

ア MAXQDA[12]による質的分析である。手順は、活動型教育の受講生の「自己成長」を個別に掘り下げていくことにより、言語的知識および文化的知識の変容を抽象化し、多文化コミュニケーションにおける知識の変容プロセスモデルを提示する。そして言語と文化を統合的かつ主体的に学ぶという新しい実践的な教育理論の構築を目的とした。その結果、多文化グループワーク[13]における知識創造プロセスにおいては、ASCIモデル(「言語化(Articulation)」、「共同化(Socialization)」、「統合化(Consolidation)」、「内面化(Internalization)」の四つのフェイズのスパイラルモデル)が見られた。具体的には、まず個人レベルの暗黙的文化的知識が言語化され、その後グループでその知識を共有(共同化)する。そして、共有した知識をメンバー間で統合し、グループレベルの行動規範などの知識が創られる。さらにそれを内省(内面化)して自らのものとすることによって、新しい個人レベルの知識となる。筆者が参与観察した多文化グループワークにおいては、こうした「言語化」→「共同化」→「統合化」→「内面化」のスパイラルが見られた。このようなスパイラルを経験することこそが、クリエイティブ・ラーニングにつながるのである。

本書は、筆者が2011年12月に北陸先端科学技術大学院大学(JAIST)に提出した博士論文「セルフ・ナレッジを豊かにする―多文化グループワークにおける知識プロセス―」に加筆・修正を行ったものである。博士論文において提示したモデルをもとに、グローバル化社会における言語文化学習法および多文化理解に焦点をあてた、九州大学における自らの教育実践を報告し、その考察を行っている。多文化グループワークのプロセスおよび学習者のセルフ・ナレッジという知識の変容プロセスを明らかにすることによって、多文化グループワークの知識創造プロセスについての理論的モデルを構築し、今後の異文化理解教育あるいはグローバル人材育成のあり方について実践的に提言するものである。学習活動をつないで習得していくため、プロセスモデルでないとダイナミックな習得活動はわからない。

本書は以下の8章から構成されている。

まず、第1章では、知識としての言語・文化の概念を整理し、第二言語習得と母語習得の相違点を知識の面から分析し、形式知より暗黙知の習得が困難である点について論述する。そして、第二言語習得における

言語文化の習得、特に暗黙知の習得法についての先行研究のレビューを行う。

次の第2章では、エンゲストロームの活動理論を中心にこれまでの学習者主体の学習法を吟味し、教育現場でしばしば行われるグループワークの特徴および教師・ファシリテーターの役割を考察する。

第3章では、事例研究として、早稲田大学大学院日本語教育研究科細川英雄教授の実践する活動型教育の「考えるための日本語」および「実践研究11」の2クラスを参与観察し、収集した事例データの概況および前者のクラスの三つのグループの活動概要を紹介する。

第4章では、活動型クラス「考えるための日本語」の三つのグループの活動をそれぞれ質的に分析し、グループワークのプロセスを明らかにする。そして、クラスの活動の特徴として、三つのグループに共通するプロセスを分析する。

第5章では、複文化環境のメンバーの人間成長、つまり、言語的知識と文化的知識に関する学習者のセルフ・ナレッジの変容を分析する。また、どのような面においてセルフ・ナレッジが豊かになっていくのかを明らかにする。

第6章では「考えるための日本語」クラスにおける言語的知識と文化的知識の変容および知識変容をもたらす受講生の特性を分析し、複文化環境のメンバーの言語的・文化的知識の変容および教師・ファシリテーターの働きを明らかにする。

第7章では、「はじめに」で提示したリサーチ・クエスチョンに答える形で発見事項をまとめ、そこから得られた知見を基に、多文化グループワークのプロセスを説明する理論的モデルを構築し、その理論的含意を論じる。さらに、実践的含意として、グループワークによる第二言語教育における新たな教育の実践モデルを提示する。

第8章では、本研究で構築された教育モデルを用いて筆者が多文化グループワークの活動型クラスをデザインし、九州大学で行った教育実践を報告する。このクラスでは、グローバル人材教育と多文化グループワークを結びつけ、日本人学生と留学生の共修教育に応用することを提案し、グローバル人材育成モデルを構築することを目指している。さらに、その教育実践に基づいて、留学生と日本人学生の個人成長を分析し、

活動型教育のあり方・成立条件および問題点を考察する。最後に、本研究において言及できなかった課題について、今後の研究への手掛かりとして提示する。

　なお、本研究における重要な概念についての筆者の定義を以下に示しておきたい。

- 文化：集団に属する人間が修得した「思考と行動のパターン」としての知識
- 個人の文化：ある人に内面化された国民文化や複数の集団文化の固有な構成
- 形式知：言語や数値によって容易に伝達・共有できる知識（野中・竹内1996）
- 暗黙知：形式化が難しく、他者に伝達・共有することが難しい知識（野中・竹内1996）
- 文化的知識：自分をどう見ているかという自己認識、世界をどう見ているかという世界観、どう行動しているかという行動的慣習、どう行動すべきかという行動的規範などが総合された知識
- 言語的知識：ある言語の文法、語彙の意味、語彙の使い方についての知識、読み書き話し聞く能力、言語で表現され記憶されている知識
- セルフ・ナレッジ：言語的知識と文化的知識のそれぞれの構成要素からなる自分についての知識
- 言語文化：言語と文化を分けず、統合的に捉える知識の視点によって明らかになる言語的・文化的知識の総合体

注 [1] 北陸先端科学技術大学院大学（以下、JAIST）知識科学研究科において、留学生のカルチャーショックと日本語学習の関係を調査するために設立された組織で、メンバーは筆者と当時の6人の修士課程大学院生であった。筆者の統括の下で、中国の日本語学科を卒業して来日した6人の大学院生が自らの日本語・日本文化習得のあり方について内省レポートを書き、他の日本語学習者や日本人チューターにインタビューし、その調査結果をもとに皆で議論するというワークショップ活動を主に行った。2008年10月から2009年10月まで活動した。
[2] 国際交流基金「2010年度日本語教育国別情報」による。URL: http://www.jpf.go.jp/j/japanese/survey/country/2010/china.html（2011年5月1日アクセス）
[3] 野中郁次郎・竹内弘高（共著）、梅本勝博（訳）(1996)『知識創造企業』東洋経済新報社
[4] 知識は言語化可能の度合いによって次の3種類に分けられるという説もある。言語化するのが容易な明示的知識（形式知 explicit knowledge）、言語化するのが難しい暗黙的知識（暗黙知 tacit knowledge）、その両者の間にある暗示的知識（implicit knowledge）である（Meyer & Sugiyama 2007）。
[5] 初版での著者名表記は「ポラニー」である。
[6] 言語と文化を意味する「言語・文化」に対して、両者を分けずにその全体を捉える場合は、本書では「言語文化」と表記する。具体的には、p. x の定義を参照。
[7] 言語・文化の社会性については論述が多い。例えばソシュール(1991)は言語記号の社会性を「価値」と名付けている（『ソシュール講義録注解』参照）；Tylor(1871)は文化とは「人間が社会の成員として獲得した修正の複合的全体である」と定義した。
[8] 山住・エンゲストローム(2008)によると、「活動」が人間の社会生活の統合的単位、目的や対象に動機づけられた人間の社会的な日常行為の単位であり、「対象に向けられた活動（object-oriented activity）」である（pp.4–5）。
[9] 筆者は、活動型クラスに関しては、2010年度春学期の細川英雄教授による「考えるための日本語」クラス、「実践研究11」および他の教師が担当した初級クラス「私のこと・あなたのこと2」を参与観察したが、本書では細川教授のクラスだけを分析した。
[10] 本書では、「考えるための日本語」クラスのグループワークにおいて、リーダーシップを発揮するメンバーを「ファシリテーター（facilitator）」と呼ぶ。
[11] 質的な社会調査の手法の一つで、アメリカの看護学において定着し

	た。テキストデータのコード化と分類を行い、分析結果を出した上で、理論構築を目指す質的調査法である。
[12]	MAXQDAについての詳細は、http://www.maxqda.com/ を参照。
[13]	本書では、異なる文化的背景を持つメンバーからなるグループによる学習活動を「多文化グループワーク」と定義する。

目次

はじめに………*iii*

第*1*章 | 第二言語文化習得における
形式知と暗黙知………*1*

 1.1 大事なことは本や辞書に書かれていない………*1*

 1.2 言語文化は生きている知識………*2*

 1.3 第二言語習得と母語獲得の相違点………*7*

 1.4 学習者の変容につながる
第二言語文化の学習………*10*

 1.5 第二言語文化の暗黙知の習得………*12*

 1.6 本章のまとめ………*14*

第*2*章 | 第二言語文化習得における
アクティブ・ラーニングの諸相………*17*

 2.1 エンゲストロームの活動理論………*18*

 2.2 活動型教育の様々な方法………*21*

 2.3 細川の総合活動型教育………*24*

 2.4 グループワークの意味………*25*

 2.5 教師とファシリテーターの役割………*27*

 2.6 本章のまとめ………*28*

第3章 │ 研究方法とデータの構成および
　　　　フィールドの概況……31

　3.1　研究方法とデータの構成……31

　3.2　フィールドの概況……35
　　　　3.2.1　Aグループの活動概要……35
　　　　3.2.2　Bグループの活動概要……37
　　　　3.2.3　Cグループの活動概要……39

　3.3　本章のまとめ……43

第4章 │ 活動型教育における
　　　　多文化グループワークのプロセスの解析……45

　4.1　Aグループのグループワークの分析……45
　　　　4.1.1　自分のテーマを見出す：
　　　　　　　「表現」・「共有」の場による文化的背景・グループ内
　　　　　　　役割に対する認識の向上……45
　　　　4.1.2　インタビュー：
　　　　　　　「対話・表現」による意見の「統合化」……50
　　　　4.1.3　新聞作成：「統合」と「内省」を中心とする
　　　　　　　考えの構築……54
　　　　4.1.4　Aグループのグループワークのまとめ……65

　4.2　Bグループのグループワークの分析……68
　　　　4.2.1　グループ活動の方針と形式を見出す：
　　　　　　　「表現」・「共有」の場による
　　　　　　　文化的背景の衝突から……68
　　　　4.2.2　インタビューおよび雑誌の構成・評価方法の確定：
　　　　　　　「共有」と「統合」による意見の統合化……73
　　　　4.2.3　雑誌作成：
　　　　　　　「統合」と「内省」を中心とする考えの構築……80
　　　　4.2.4　Bグループのグループワークのまとめ……86

4.3 Cグループのグループワークの分析……89
    4.3.1 グループのキーワードを見出す：
「表現」・「共有」・「統合」の場における
異文化に根付く共通認識の統合……89
    4.3.2 劇およびそのまとめ：
「表現」、「共有」による意見の「統合化」……94
    4.3.3 Cグループのグループワークのまとめ……99

4.4 本章のまとめ……102

第5章 | 多文化グループワークにおける言語的知識と文化的知識の変容……105

5.1 Aグループメンバーの言語的知識と
文化的知識の変容……106

5.2 Bグループメンバーの言語的知識と
文化的知識の変容……118

5.3 Cグループのメンバーの言語的知識と
文化的知識の変容……126

5.4 本章のまとめ
――多文化グループワークにおける言語的知識と
文化的知識の変容についての考察……135

第6章 | 言語・文化を統合的・主体的に学ぶ多文化グループワーク―考察―……139

6.1 「考えるための日本語」クラスにおける
グループワーク……139

6.2 「考えるための日本語」クラスにおける
言語的知識と文化的知識の変容……141

6.3 知識変容を導く受講生の特性の分析……144

6.4 ファシリテーターと教師の役割……147

6.5 本章のまとめ……149

第7章 | 多文化グループワークの
　　　　ASCIモデルと実践的モデル………153

　7.1　主要な発見事項………153

　　　7.1.1　SRQ1の答え：
　　　　　　多文化グループワークにおける
　　　　　　「表現・共有・統合・内省」の
　　　　　　スパイラルによる学習………154

　　　7.1.2　SRQ2の答え：
　　　　　　多文化グループワークにおいて、
　　　　　　メンバーは言語的・文化的知識が変容し、
　　　　　　セルフ・ナレッジが豊かになった………155

　　　7.1.3　SRQ3の答え：
　　　　　　ファシリテーターと教師はナレッジリーダーとして
　　　　　　グループワークを仕掛けた………157

　　　7.1.4　MRQの答え：
　　　　　　早稲田大学活動型教育において、
　　　　　　多文化グループワークは「表現・共有・統合・内省」
　　　　　　のスパライルで行われた………158

　7.2　理論的含意：
　　　多文化グループワークのASCIモデル………160

　7.3　実践的含意：
　　　多文化グループワークによる
　　　クリエイティブ・ラーニングの実践的モデル………163

　7.4　ASCIモデルとSECIモデルの差異………165

　7.5　本章のまとめ………166

第8章 | 多文化グループワークの現在とこれから
──九州大学での教育実践に基づいて………169

8.1 多文化グループワークによるグローバル人材の育成の可能性………169
8.1.1 グローバル人材の育成は英語力の向上のみでは達成されない………170

8.2 九州大学基幹教育の事例研究………172
8.2.1 事例研究の概要………172
8.2.2 Class Share クラスにおけるメンバーの自己成長………175
8.2.3 留学生と日本人学生の自己成長についての考察………177

8.3 教育実践から活動型教育の問題点および存在条件を見直す………179

8.4 本章のまとめ………183

おわりに………185

あとがき………189
付録………194
参考文献………204

第1章 第二言語文化習得における形式知と暗黙知

母語獲得と第二言語習得との関連の問題は様々な領域で議論されてきた。例えば、認知科学の視点から、母語獲得と第二言語習得の大きな相違点は二つあると指摘されている。一つ目の相違点は、母語獲得の場合は言語を一つも獲得していない状態からの出発であるが、第二言語習得は母語の言語特性の影響を受けることである。二つ目は、母語獲得においては学習者の言語的知識・社会的知識がほぼゼロの状態からスタートするのに対して、第二言語習得の場合、学習者の一般認知能力がある程度高くなった状態から習得を開始するため、言語の事象や習慣などを常識的に考えながら、その知識を利用して言語を学習することである（鈴木・白畑2012）。他方、市民性形成とことばの教育の関係を重視する観点では、人間が社会的行為の主体として自覚的に他者と関わる「市民」としての意識が不可欠であり、その点は母語でも第二言語でも共通している。つまり母語・第二言語・外国語を超えて人間と言葉の関係を考えようとする（細川・尾辻・マルチェラ2016）。しかし、母語に比べ、第二言語が習得し難いのは事実である。これまでの言語教育論では、この点について十分に論じられてこなかった。本章では、まず知識の視点から言語・文化そしてそれに基づくコミュニケーションを見直し、その上で第二言語習得と母語獲得の相違点を考察する。また第二言語習得における言語文化の暗黙知の習得法およびそれによる学習者の変容についても論じる。

1.1 大事なことは本や辞書に書かれていない

近年、経済学・経営学・社会学などの領域では、知識に関する理論と

してポランニー（1980）や、野中・竹内（1996）などが注目されている。「知識」は本に書いてあるもの、つまり言語化・数量化されているものというイメージが強いが、野中・竹内（1996）によれば、言葉や数字で表現される知識は氷山の一角にすぎない。実際には、主観的な洞察、直観、勘などが知識の重要な部分を占め、また理想、価値、念、イメージ、シンボルなども知識に含まれる。ポランニー（1980）は知識を、言葉で置き換えることが可能な形式知（explicit knowledge）と、言葉で置き換えることができない暗黙知（tacit knowledge）に分け、暗黙知の重要性を示した。ポランニーによる暗黙知の概念を受けて、野中・竹内（1996）は、暗黙知はメタファー、アナロジー、コンセプト、仮説、モデルなどの形をとりながら次第に形式知として明示的になっていく場合も多く、暗黙知と形式知は完全に別々のものではなく、人間の創造的活動において、相互に作用し合い、相互に転化し合うことを強調した。

　母語教育と第二言語教育の教室で使われている教材や辞典の内容は、文法の規則、構文のルール、文字や語彙の意味など、言葉で表現されるもので形式知である。しかし、そのような形式知だけをいくら覚えても、母語であれ、第二言語であれ、自由に使えるようにはならない。つまり、実際の場面におけることばの運用に関する暗黙知は本や辞書に書かれていない。では、なぜ言語文化の知識は全部本や辞書に書ききれないのであろうか。

1.2　言語文化は生きている知識

　言語は本や辞書に書いてある静態的なものではなく、生きているものである。言語は「創造的側面」を持っている（Chomsky 1957）。例えば、「言語を知る」というのは、無限数の新しい文を作り出し、決して聞いたことのない文を理解することが可能であることを意味する。すべての言語において、人々が創造的かつ自由に話すことができる共通原則を見出すことが、言語学者として最終のゴールであると、Chomsky（1957）は論じた。言語の創造的活動のもう一つの例として、内言を外言に転じることが挙げられる。ヴィゴツキー（2001）によると、内言は「全く独自な特有の言語機能と見なすべきであり、まさにそれが外言とはまったく違っ

た仕方で組織されているが故にこそ、内言は外言と一つの局面から他の局面への移行における不可分の動的統一をなして存在するという確信にわれわれを導いた」。内言の特質は、「外言と比べた場合の内言の外見上の断片性、不完全さ、省略のなかにある」(p.397)。言い換えれば、言語によって明確に伝達できる外言に対して、内言は暗示的もしくは暗黙的なものが多く、完全に言葉に転換することが難しい。外言と内言は言語の形式知と暗黙知にそれぞれ当てはまると言えよう。

　言葉の習得は世界とつながる行為の代表的なものである。異なる言語文化世界とつながるには、「主体的働きかけ」と「周囲の助け」の双方がともに作用し合っていると考えなければならない（大井2008）。このように、言語文化は社会の一員として生きていくために重要であり、周囲の人との相互作用を通じて身につける。言語文化の、こうした「社会性」は「文化」概念の変遷からも読み取ることができる。「文化」という概念を最初に提出した文化人類学者のTylorによれば、「文化とは、知識、信仰、芸術、法律、道徳、習慣その他、およそ人間が社会の成員として獲得した習性の複合的全体である」(Tylor 1871, 水島 2005: 4に翻訳引用)。Tylor以後、様々な研究領域から数多くの「文化」の定義が提案されてきたが、一般的には「物質文化」の部分が除かれる傾向が見られる。Street (1993) は、文化人類学の視点から「文化は動詞である (culture is a verb)」と主張し、言葉、アイディア、物事、集団などを定義する文化の動詞的な機能を重視した。Sapir (1995) も「すべての文化的な行為がパターン化される」と論じ、同様の文化観を示している (p.31)。Biggs & Moore (1993) は、文化を「人間集団の生き方の総合で、一つの世代から次の世代まで伝承されるもの」と定義し、またTriandis (1996) は文化が意味、信念と習慣のセットであり、社会団体の維持管理、社会的なプロダクトの創造とそのメンバーの発展を導くものであると考えた。さらに、文化を集団が持つ「心のプログラミング」にたとえ、人間のある集団への帰属を決めるものであるという考え方もある (Hofstede 2001)。数え切れない程の文化の定義が存在するが、その多くは「コミュニティあるいは組織のメンバーの生活における記述可能なパターンを形成するビリーフ、行動、規範、態度、社会協定、表現の形式」からなる概念を含んでいる (LeCompte & Schensul 1999: 21)。

文化については数多くの定義が存在し、広く合意されたものはない。箕浦（1990）は「どのような文化の定義を使うかは、何を研究しているかによって決まってくる」と述べた。「アメリカの21世紀外国語学習標準（*Standards for Foreign Language Learning in the 21st Century*）」（1999）は、外国語教育における「文化」を、「社会の哲学的価値観やものの見方、習慣とそれらの所産・産物（実体があるもの、ないものを含む）」と定義している[1]。細川（2003）は、日本語教育における言語文化教育のあり方を考察する中で、「文化」を次のように定義した。

　　「文化」というものは、集団としての「社会」の中にあるのではなく、人間一人一人の個人の中にある暗黙知の総体として捉えられることになる。この場合の暗黙知とは、情緒的な感覚・感情、論理的な言語知（内言）およびそれらを支える場面認識などのすべてを含む、人間の内的構造である。　　　　　　　　　　　　　　　(p.40)

　細川（2003）は、「暗黙知の総体」を「個の文化」と呼び、直接観察することができず、ただ行動様式や能力の発現によってのみ観察できるものであり、また「文化」は相互コミュニケーションにおける「個の認識能力」として発現すると述べた。グローバル時代を迎え、多文化が共生する社会では、個々人が自分の母文化のみならず、様々な文化の影響を受けるようになる。もはや文化を国や民族の単位で語ることができなくなり、文化を「個」として捉える必要が出てくる。

　言語と文化は、一つの世代から次の世代へと伝承、創造、修正されていく知識の一種であり、密接に関係している。1980年代、言語と文化のインターフェイスを研究する際に、分離不可能な両者を分析するためのツールとして*linguaculture*という概念が言語人類学者によって創られた（Risager 2012）。言語と文化を一体化する視点がその後様々な分野に広がり、Agar（1994）の造語である*languaculture*という言葉も広く知られていった。*linguaculture*も*languaculture*も言語と文化の分離不可能性を示唆しており、「言語文化」と翻訳せざるを得ない。さらに、言語と文化の関係はより詳細に検討されていった。例えば、言語は文化の一部と捉えられ、言語は「符号（code）」と「テキストあるいは談話」、「言語的文化（linguistic culture)」から構成され、「符号」は「テキストあるいは談話」に、そしてそれらは「言語的文化」に含まれており、ちょうど入れ子のような構造になっているとSchiffman（1996）は論じた。同じ視点から、Hofstede（1994）は文化をシンボル、儀式、価値観、行動規範という四つのカテゴリーに分類した。その中で、シンボルはバーバル言語とノンバーバル言語両方を含めていると指摘した。また、ボックは、文化を「独自のエトスをもつものの見方、考え方、行動の仕方のシステム」と見なしている。彼は、文化を構成するサブシステムとして、「言語体系（language system）」、「道具・技術体系（technological system）」、「社会体系（social system）」、「思想体系（ideological system）」の四つの領域を挙げている（ボック1977: 116）。それに対して、Kramsch（1998）は、文化は言語を通じて現れていると論じ、文化における言語の重要な役割を次の三つの面において強調した。①人間の世界の捉え方は言語によって表現されている。そして②話のアクセントやジェスチャーの部分の文化はもちろん言語によって示されているが、③価値や社会的アイデンティティなど目に見えない文化も言語によって象徴される。一方、言語を文化の中核に置く研究者もいる。例えば、Smolicz（1980）は言語を文化のコアな価値（Language as a core value of culture）と位置づけ、第二言語習得理論に深い影響を与えた。

　言語と文化の関係は様々な視点から論じられているが、共通しているところは両者が緊密に結びついていると見る点である。多くの学者が言語と文化を「一つのコインの両面」というメタファーで表現するのも、両者の分離不可能性を意味していると言える（Seelye 1984, Kramsch 1998）。

　知識としての言語文化には、言葉で置き換えることが可能な形式知と言葉で置き換えることが難しい暗黙知が含まれている。Bialystok（1978）は、言語的知識を「明示的な言語的知識（explicit linguistic knowledge）」と「暗示的な言語的知識（implicit linguistic knowledge）」と「その他の知識（other knowledge）」に分けた。明示的な言語的知識には、文法規則、発音ルールなどの意識的事実が含まれている。それらを頻繁に使うことによって自動的に用いることができるようになれば、それは暗示的な言語的知識となる。その他の知識とは、当該外国語と関連する文化的な情報など世界に関するすべての知識が含まれる。つまり、ある言葉を正しい文脈で使う知識は暗示的であるが、それを人に伝えようとして言葉で説明すれば

明示的な言語的知識となる。また文脈的で文化に関係する知識が「その他の知識」である。Werner & Schoepfle（1987）は文化を「知識のシステム」と定義し、文化的知識を「人間社会グループに経時的に成立する知識の組織体である」と述べた（p.89）。知識のシステムは、社会やすべての物事を説明し、それに対処する行動規範や基準を提供する。そして、知識としての文化を「言語化できる文化」と「非言語的な文化」に分けた。Weaver（1986）は、図1-1の「文化の氷山モデル」を使って、「文化」の中には言語で伝達できる部分とできない部分があると論じた。信念の一部と行動が水面上に出ている「外的文化」であり、明示的に習得され、変えることが容易な意識的・客観的な知識である。信念の一部と価値観、思考パターンが、水面下にある「内的文化」であり、暗示的に習得され、変えることが難しい無意識的・主観的な知識である。文化の「すべて」が言語で体系化されるとは言えないが、言語化できる知識を限界まで探究することは、同時に非言語的な文化的知識の性質の洞察を可能にする。言語化できる知識と言語化できない知識の境界線は一定ではないが、言語化できない知識を限界まで言語化しようと努めることで、氷山モデルで示されている水面上の明示的な知識と水面下にある暗示的な知識の間にある境界線は押し下げられ、言語化できない知識がどれぐらいあるか見積もることができる。

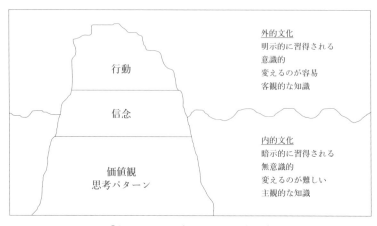

図1-1 「文化の氷山モデル」Weaver（1986）を改変

言語も文化も動態的なものであり、したがって、その関係もダイナミックに変化していく。川上（2007: 91）は、Lo Bianco（2003）を引用しつつ、言語（の変化）を社会や文化の変化の中心に位置づけながら、「これからの言語教育は、ことばの型（パターン）や文化的情報を身につけるだけではなく、文化接触から生まれるさまざまな変化を考え、それに対応する文化的行動を身につけていくことなのである」と論じている。コミュニケーションを通じて、文化が一つの世代から次の世代へと伝承、創造、修正される。社会文化環境において、人間として望ましいまた有効な行動規範に関する暗示的理論はコミュニケーションによって構築されている（Hall 1959）。

1.3　第二言語習得と母語獲得の相違点

　明示的な言語的知識は意識的に学習されるものが多いのに対して、暗示的な知識は無意識に身につくものが多い（Li & Umemoto 2010）。母語のほとんどの知識が無意識的な暗示的知識なのに対して、第二言語習得においては、意識的に学習された明示的知識が多かれ少なかれ関わってくる。このように、習得される「言語知識の質」によって、第一言語と第二言語は根本的に違いがある（白井2008）。これと同じ視点で、大津（2009）は言語知識を「意識的な知識」と「無意識的な知識」に分けることができると主張した。この点に関して、Ellis（2009）は、外国語を学習することは暗示的知識（implicit knowledge）と明示的知識（explicit knowledge）を獲得することであると論じた。Ellis（2009）の論じた両者の違いを筆者が表1-1のようにまとめた。

表1-1　暗示的知識と明示的知識

暗示的知識	明示的知識
暗黙的で直感的	意識的
手続き的	記述的
自動的処理で利用可能	意識的な処理によってのみ利用可能
学習者の言語活動のみによって示される only evident in learners' verbal behavior	言語化可能

（Ellis 2009 より作成、筆者和訳）

第二言語習得における言語文化を考えると、教科書に書いてある言語的知識や、教師が口頭で説明する文法と発音ルールなどの知識は典型的な形式知である。それに対して、その形式知をどのように現実社会でのコミュニケーションに応用できるかは、暗黙知と関わってくる（Li & Umemoto 2010）。例えば、日本語教育においては、初級の教科書に二人称は「あなた」と書いてある。しかし、多くの学習者が中上級になると、「あなた」という二人称代名詞を使う場合はごくまれであるということがわかってくる。それは、「あなた」という人称代名詞についての形式知を学んだが、それを使用する中で、「あなた」の実際の運用に関する暗黙知が形成されている一例である。また文化的知識に関する暗黙知については、かつて留学生から相談された事例がある。その留学生は、あるイベントで日本人の奥さんと知り合い、別れる時「遊びに来てください」と言われたが、住所も電話番号も教えてもらっていないので困っているという。相談を受けた筆者は、実際に遊びに来ることはないだろうということを暗黙的な了解とした上で、別れる時の言葉かけとして「遊びに来てください」と言っただけだろうと留学生に説明した。このように、その言語上の表面的意味と実際の意味や機能が異なり、実際の意味は場面の脈絡から推測するしかない行動パターンや、言外の意味を推測するしかない言語表現などが現実社会ではたくさんある。その「推測すべき」すべてが暗黙知である。もちろんそのような文化的な知識に気づき、またある部分を言葉にすることができれば、それは形式知に転換されることになる。しかし、暗黙知を完全に言語化して学習者と共有することは非常に難しい。これまでの第二言語習得の教室では、水面下の言語文化の内容についてほとんど触れておらず、その習得は学習者自身に任せてきた。

　柴田他（1976）によれば、言葉の意味には基礎になる部分と、多少「浮動的」な部分がある。辞書に書かれているコアの意味および明示的なニュアンスは水面上にあり、形式知である。それに対して、水面下にある暗黙的なニュアンスは、母語話者には無意識的に駆使される暗黙知であり、外国人学習者の習得は難しい。しかし、氷山の水面下の言語・文化の暗黙的な内容は、言語・文化をどのレベルで駆使できるかという点で決定的な要因であり、その人のアイデンティティを規定するものでもある。

言語習得は世界とつながる行為の代表的なものである。少なくとも子どもが一定の言語能力レベルに到達した時点から、言語は認知的な発達において不可欠な役割を果たす（Vygotsky 1962）。言語は最初に社会的コミュニケーションの手段として発展し、その後文化と統合されて内面化され、子どもの考えや意志を方向づけるというように、認知のプロセスの形成における決定的なツールになる。第二言語習得は、母語習得と比べると到達レベルが異なるが、学習者の自己成長につながる（李 2016）。箕浦（1994）が論じたように、異文化接触の渦中にある人々は、文化間移行に伴い、自らが生活する社会システムや文化システムが変容することで、自身の文化的アイデンティティを作り直していかねばならない。

　したがって、言語習得の目標は言語を「文法的に正しく使える」ということにとどまらない。世界とつながり、受信し、そして自分の考えや思いを発信できることこそが言語習得の第一の目的である。近年の留学生を対象とする言語教育では、学習者の文法的な添削を行わないようになってきている。また、言語の誤用を、言語に生命力を加えるものとして高く評価する言語学者もいる。例えば、「具体的な発話における語彙や文法の誤用や不適切な使用、あるいは文の並べ方の間違いや矛盾する言説などは、それらのコミュニケーションに問題がないばかりか、むしろ創造的な言語活動として評価すべきことが指摘された。洒落や冗談あるいは詩的言語としての活動は、むしろ形式的規則を破ることによって可能になる」（ヤーコブソン 1978: 17）という考えである。

　しかし、第二言語習得の評価はこれまで試験中心で行われてきた。例えば、中国の大学の日本語学科に入学した中国人学生はゼロからスタートして4年間で日本語能力試験N1、専門四級試験、専門八級試験やビジネス日本語試験などのための受験勉強をしなければならない。ところが、卒業後には日本語で仕事ができる社会人や、日本語で研究ができる大学院生になることが求められている。それらの仕事や研究をこなすには、日本語を「ツール」として活用できなければならない。しかもそこでの日本語は、習得者にとって単なる「ツール」にとどまらず、日本語という言語が彼らを成長させ、アイデンティティの一部になっていく。これまでの伝統的な外国語教育分野でよく耳にする「聞く、話す、読む、書く」といういわゆる四技能の向上だけではこうした目標を達成できな

い。そこで、第二言語習得の目的およびプロセスを、新たに設定する必然性・必要性がある。

1.4 学習者の変容につながる第二言語文化の学習

　人間は自文化を常に意識するわけではない。ある文化の中で成長した人にとって、「その文化およびその文化を持つ集団に対する帰属感」はほとんど意識されない。個人の自文化への帰属感は、文化間移行によって異なる文化や他の集団に接触した時、初めて意識させられると言われている。異文化接触の渦中にある人々は、文化間移行に伴い、自らが生きている社会システムや文化システムが変容するため、自身の文化的アイデンティティを作り直していかねばならない。第二言語文化の学習はこうしたアイデンティティの変容をもたらす発展過程であり、この過程において、学習者の自文化中心的な世界観は変化し、異なった文化視点の存在を認識し、文化の違いを受け入れることを学び、そして自分の世界観へと統合する (e.g., Bennett 1993, Paige 1993)。そして、学習者の文化的理解は、過去と現在の経験を絶えず文化的なインプットとして総合する継続的でダイナミックなプロセスである。それは、過去の経験としての自文化、現在の経験としての対象文化を統合することである（Robinson 1988）。

　40カ国の文化的差異の考察に基づき、Hofstede（1980）は文化の三つの「層」を提唱した。すなわち、①全人類が共有する基本的な標準と価値観、②特定の集団が共有する集団の信念と価値観、③個人特有の経験である。①の文化は「人類共通の文化」、②の文化は「集団共通の文化」、③の文化は「個人レベルの文化」と言い換えることができる。しかし、文化は集団を定義するものなので、Hofstede（1980）の人類共通の文化という概念は、高度に発達した地球外生命体の文化の存在が確認されない限り、文化の種差的要素としては認めることはできない。Li & Umemoto（2010）は、「文化」を集団に属する人間が習得した「思考と行動のパターン」としての知識と定義した。そこで、Li & Umemoto（2010）は、Hofstede（1980）の定義を参考にしつつ、文化には社会レベル、集団レベル、個人レベルの文化が存在すると考えた。一人ひとりは、これら三つの層のレベルの文化を重層的に持っている。文化的背景の違う人たちは

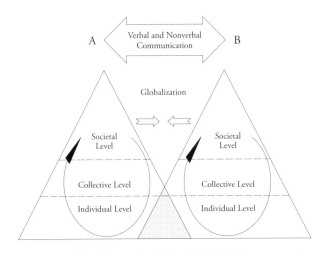

図1-2　異文化交流における文化の三層（Li & Umemoto 2010）

　コミュニケーションを通じて、個人レベルの文化がふれあい、共通部分が生まれ、そして、その個人の集団レベルと社会レベルの文化もそれによって影響を受ける（図1-2を参照）。
　上述したように、ヒトは生涯で異なる言語文化に触れることによってアイデンティティが常に更新されていく。そこで、言語的知識と文化的知識のそれぞれの構成要素からなる自分についての知識、つまりセルフ・ナレッジも常に更新し、変容している。新しい文化の文脈に身を置かれると、自分の行動パターン、価値観、信念、習慣、シンボルなどがその新しい環境では機能しなくなることがよくあり、その場合、異文化間交渉のプロセスを通じて、相互作用している個人、あるいはグループは、共有された意味、価値観、ルールなどによって、新たな文化を発展させる（Weber 2003）。図1-2で示しているように、異文化間交流または文化間移行に伴い、個人レベルの文化が次第に新しいものを取り入れ、それを内面化することによって、その自然な結果として、社会システムや文化システムが変容し、文化の社会レベルのものの変容をもたらす。このような認識から、本研究では「個人の文化」について、ある人に内面化された国民文化や複数の集団文化の固有な構成と定義した。

1.5 第二言語文化の暗黙知の習得

　暗黙知は「まだ表現されていない知識（knowledge-not-yet-articulated）」（Tsoukas 2003）と見ることもできるが、暗黙知を言葉に変換することは多くの場合難しい。そして、明確な表現を通じて他者に表明することは不可能であるという解釈もある。Polanyi（1966: 4）は暗黙知について "we can know more than we can tell" と説明した。Tsoukas（1996）も暗黙知は「我々の行為でしか、表示・明確化することができない」（p.426）と述べている。

　しかし、暗黙知は「言葉」にして明確に人に伝えることが不可能な場合でも、「活動」を通じて体得することができる。暗黙知はそもそも経験や社会的実践を通じて構成されているので、チームメンバーの間の暗黙知を共有することは、チームの仕事ぶりの改善につながる好ましい関係づくりの土台となると言える（Refaiy & Labib 2009）。暗黙知は所定の状況のもとでタスクを実行する人間の行為を導く手続き上の知識（ノウハウ）であり、このタイプの知識は、経験に基づき文脈に特定された知識が多いので、目標に向かった活動を通じて獲得できる、と Sternberg et al.（2000）は指摘している。

　暗黙知は非常に個人的なもので、個人の経験に根付いており、個人が抱えている経験、アイディア、価値観、感情などに基づいている（Nonaka & Takeuchi 1995）。Nonaka（1994）は暗黙知について容易に共有され得ないことを認めている。しかし、必ずしも習得できないこともない。野中・竹内（1996）は、彼らの組織的知識創造理論において、暗黙知を形式知に変換することができると提案した。暗黙知と形式知は相互補完の関係にあり、それらは連続しているからである（Nonaka 1994, Alavi & Leidner 2001）。野中・竹内（1996）が提唱した組織的知識創造理論は、新たな知識の創造を連続的なプロセスとして捉え、暗黙知と形式知の相互作用・相互変換による知識創造モデルを提示した。組織的知識は、異なるタイプの知識（暗黙知と形式知）や異なる知識内容を持つ個人が相互に作用することで創られていく。この理論は、知識社会を迎える21世紀に必要なナレッジ・マネジメント理論の先駆けとなり、多くの分野で応用されている。

組織的知識創造理論には四つの知識創造様式があり、各様式において暗黙知と形式知の相互による作用・変換が行われることで、新たな知識が創造されるプロセスが説明されている。各様式とは、①同じ時空間で体験を共有することで、各自がお互いの暗黙知を獲得する「共同化（Socialization）」、②その共同化された暗黙知が、対話を通じて明示的な言葉や図で表現された形式知を創り出す「表出化（Externalization）」、③新たに創り出された形式知と既存の形式知を組み合わせて、体系的な形式知を創り出す「連結化（Combination）」、④その体系化された形式知を実践・内省することで個人の暗黙知に体化する「内面化（Internalization）」の四つである（図1-3を参照）。このモデルは単なる循環ではなく、「内面化」で獲得した知識を利用して、新たな「共同化」を始めるダイナミックでエンドレスのスパイラル（螺旋）構造である。この知識創造モデルは、各モードのイニシャルを取ってSECIモデルと呼ばれ、世界中で利用されている。

　組織的知識創造論では、知識が共有・活用・創造されるコンテキスト（空間・状況・文脈）として、「場」というコンセプトを重視した。「場」とは、人々が参加し、意識・無意識のうちに相互に観察し、コミュニケー

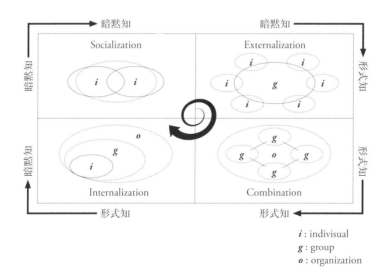

図1-3　SECIモデル（野中・竹内1996）

ションを行い、相互に理解し、相互に働きかけあい、共通の体験をする、その状況の仕組み引用元のことである。情報的相互作用の「容れもの」とも言える（伊丹・西口・野中2000: 4–5）。そして「場」には、創発「場」、対話「場」、システム「場」、実践「場」の四つのタイプがある。いずれの「場」でも相互作用が重要であり、知識は異なる主観を持つ個人間や個人と環境の相互作用で創られる。この理論では、リーダーシップも重要な要素である。ナレッジ・リーダーシップは、有効に機能する知識創造の「場」をつくりだし、それを活性化・持続化させ他の「場」と連携し、知識変換プロセスをリード、促進していくことが求められている（Nonaka, Toyama & Konno 2000）。

1.6 本章のまとめ

　言語も文化も形式知や暗黙知が含まれた生きている知識であり、両者は緊密に結びついた「一つのコインの両面」である。母語の獲得がほとんど無意識に体得した暗黙知であるのに対して、第二言語習得では体系にまとめられている形式知を意識的に学習することが多い。しかし、実際のコミュニケーションにおいては、第二言語における暗黙知の習得も大事であるにもかかわらず、暗黙知を完全に言語化して学習者と共有することは非常に難しい。この点が母語獲得と第二言語習得の最も違うところである。言語文化の習得は自己成長につながる。個人の文化はその人が内面化された国民文化や複数の集団文化の固有な構成となる。
　形式知とは言語によって表現された（言語化された）知識であり、暗黙知とは言語によって表現されていない知識である。両者の間に、言語（あるいは身振り）によって表示されてはいるが言外の意味が含まれている暗示的知識もありうる。したがって、教科書や教室において言語で説明される場合を除き、現実社会の文化はほとんどが暗示的・暗黙的知識であるのに対して、教科書で体系的に説明されている文法は典型的な明示的知識（形式知）であると言える。暗黙知の習得は難しいが、まったく習得できないというわけではない。活動を通じて暗黙知の共有ができるし、SECIモデルで指摘したように形式知と暗黙知の相互作用・相互変換が可能なのである。

注 [1] 聖田京子（訳）国際交流基金日本語国際センター発行日本語版による。http://www.jpf.go.jp/j/urawa/world/kunibetsu/syllabus/pdf/sy_honyaku_9-1usa.pdf#search='Standards for Foreign Language Learning in the 21st Century'（2009年8月27日アクセス）

第2章 第二言語文化習得における
アクティブ・ラーニングの諸相

　グローバル化や情報化の進展に伴い、知識基盤社会になりつつある現代社会では、社会環境・技術・情報・ノウハウ・価値観などが急激に変化している。個人にとっても社会にとっても将来の予測が困難な時代が到来していると言われている。このような社会情勢において、これまでの座学中心の一方的教授方法は時代遅れであろう。第1章で述べたように、本や辞書に書いてある知識は形式知のみであり、そのような知識を学生に伝授してもすぐ陳腐化してしまうからである。人々には創造的な活動を生み出し、未来を自らの力で創っていく自律精神と創造性がますます求められ、今後は世界の変化に対応できる自律性・創造性のある人材の育成や未来を担う学術研究の発展が期待されている。2014年、日本政府は「スーパーグローバル大学創成支援」プロジェクトを立ち上げ、34校の大学を採択して、いわゆるグローバル人材育成に取り組んでいる。グローバル人材の育成法についてはまだ定論がないが、文部科学省の提唱した教育法はアクティブ・ラーニングである。
　アクティブ・ラーニングとは、「教員による一方向的な講義形式の教育とは異なり、学修者の能動的な学修への参加を取り入れた教授・学習法の総称」であり、「認知的、倫理的、社会的能力、教養、知識、経験を含めた汎用的能力の育成」を図るものである[1]。すなわち、アクティブ・ラーニングは、学習者が能動的に学習に参加する学習法の総称であり、活動理論に基づいたものである。
　活動理論は、人々の協働（collaboration）による文化的、歴史的な「活動システム（activity system）」を研究の基本的な分析単位とした理論である。活動理論は、1920年代から1930年代初め、ロシアにおいてレフ・ヴィゴツキーが創設した人間研究の文化歴史学派を起源とする（山住 2004）。

エンゲストローム（1999）によれば、活動理論は、ヴィゴツキー（Vygostsky 1978）を中心とする第一世代、レオンチェフ（Leont'ev 1978）を中心とする第二世代、エンゲストロームを中心とする第三世代と、「三つの世代」を通して発展してきた。

第一世代は、ヴィゴツキー（Vygostsky 1978）を中心とするもので、媒介（mediation）のアイディアを生み出した。活動を表しているのは主体（subject）、対象（object）、そしてそれらを媒介するアーティファクト（mediating artifact）の三つからなる組み合わせである。そしてこの理論は、文化的アーティファクトを人間の行為の要因として取り入れる点で特に画期的であった。しかし、第一世代では分析単位がもっぱら個人に焦点化されていたために限界が生じた。この限界は、レオンチェフを中心とする第二世代によって克服されることになる。

レオンチェフ（Leont'ev 1978）の主な貢献は、「活動」概念を革新させた点にある。具体的にはレオンチェフは、活動に「分業」と「協業」という新たな要素を組み込み、活動の背後には「動機（motive）」が存在しており、活動が「動機」によって方向づけられていることを明らかにした。すなわち、レオンチェフは個人的行為と集団的活動との重大な差異を明確にしたのである。彼の活動の概念によって、主体における個人と共同体との複合的な相互関係に焦点が合わせられるようになった。しかしながらレオンチェフは、ヴィゴツキーのモデルを集団的活動システムのモデルへと明確に拡張することはなかった。これに対してエンゲストロームを中心とする第三世代は、先に述べた二つの世代の限界である単独の活動システムへの限定を超え、活動理論の新たな潜在力を開拓することに成功している。

2.1 エンゲストロームの活動理論

エンゲストロームの活動理論は、「人々は自らの周りの状況を変えることによって、いかに自分たち自身を変えることができるのか」という問いにアプローチする人間の協働的な創造活動、学習、そして発達の理論であり、教育の研究と実践に関するパラダイムである（山住・エンゲストローム 2008）。エンゲストローム（1999）は、「人工物」、「コミュニティ」、

「ルール」、「分業」に媒介された活動のシステムをモデル化した（図2-1を参照）。活動の対象によってどの行為を選ぶのかに応じて、個人あるいはサブグループが「主体」になる。目に見える問題と目に見えない問題の両方とも活動の「対象」になりうる。「活動」は対象を成果へ転換するプロセスである。活動をやり遂げるために媒介の働きをする道具や記号（ツール）が必要である。「コミュニティ」は多様な個人、あるいはサブグループからなる。「分業」はコミュニティのメンバーの間で水平的、または垂直的になされる。「ルール」は明示的あるいは暗黙的な規範、慣習を指す。それらは活動システムの内部で、相互作用的に関連している（Engestrom 1993）。

　エンゲストローム（1999）によれば、活動システムの中に出てくる矛盾は、実践活動の発展のための原動力となる。「学習活動の本質は、当該の活動の先行形態の中に潜在している内的矛盾を露呈しているいくつかの行為から、客観的かつ文化・歴史的に社会的な新しい活動の構造（新しい対象、新しい道具、などを含む）を生産することである。学習活動とは、いくつかの行為群から一つの新たな活動への拡張を習得することである。伝統的な学校教育は、本質的には主体を生産する活動であり、伝統的な科学は、本質的には道具を生産する活動であるのに対して、学習活動は、活動を生産する活動である」（エンゲストローム1999: 141）。

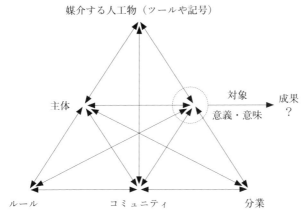

図2-1　集合的活動システムのモデル（エンゲストローム 1999: 79）

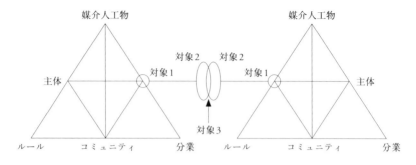

図2-2 最小限二つの相互作用する活動システムのモデル（Engeström 2001: 136）

　Engeström（2001）は協働を重視する活動システムの性格を観察し、最低二つの活動システムの相互作用を分析単位にする必要があると述べた。そして、基本的な活動システムのモデルを、相互作用する活動システムのモデルへと拡張した（図2-2参照）。

　図2-2では、「二つの活動システムが対象1から両者の「対話」を通して対象2へ拡張する。この拡張によって、双方の対象は近づき部分的に重なり合うことになる。そして、そうした「第3の対象」は「変革の種子（Seed of transformation）」を生み出していく。つまり、新たに立ち現れてくる「第3の対象」が、それぞれの活動システムへフィードバックされることによって、もとの活動システムを変革していく原動力が生まれるのである」（山住2004: 94）。

　活動理論は第一世代のヴィゴツキーの研究に基づく「媒介される行為」の概念、そして第二世代のレオンチェフの研究に基づく「集団的」活動の概念を中心として展開してきた。第一世代・第二世代と比べれば、第三世代の活動理論は、「水平的な次元」、つまり、「文化多様性」の次元を強調する理論となっている。エンゲストローム（1999: i）は「人々は自らの周りの状況を変えることによって、いかに自分たち自身を変えることができるのか」と問いかけた。そこでは、活動を通じて、多様な文化の文脈にある暗黙的・暗示的知識を明示化するかどうかを問わずに体得できるのである。本研究では、この理論をセルフ・ナレッジの変容にアプローチする理論として採用する。

2.2 活動型教育の様々な方法

活動理論を応用した概念として、「分散認知」(Hutchins 1991)、「状況的学習」(レイヴ・ウェンガー 1993)、「文化心理学」(コール 2002)、「実践コミュニティ」(ウェンガー・マクダーモット・スナイダー 2002)、「学びの共同体」(Sato 2005)、「知識構築コミュニティ」(Oshima 2005, 大島・野島・波多野 2006)などがあり、これらの概念枠組みに基づく研究によって、人間の学習に関して近年目覚ましい発展が見られるようになった。

状況的学習：

状況的学習論は、個人の知識や技能の獲得という従来の観点を超えて、学習を社会的実践、あるいは、社会的実践に埋め込まれたものとして捉え直した（上野ほか 2006）。レイヴとウェンガー（1993）によれば、実践のコミュニティというのは、必ずしも「ともに同じ空間に存在し、きちんと定義されていて、特定できるグループ、または、社会的に可視的な境界」を持っているとは限らない。「参加者が自分たちは何をしているか、またそれが自分たちの生活と共同体にとってどういう意味があるかについての共通理解がある活動システムへの参加」(Lave & Wenger 1991: 98) を行っているのである。また、言語的な属性を中核に置く伝統的な合意主義的「知識観」を批判し、新たに「知識」を人と人の間に、つまり個人間の相互作用の過程で生成される存在として捉える、認知科学の領域で提起された状況的「知識観」（レイヴ・ウェンガー 1993）は、一つの新たなパラダイムを提供した。

状況的学習論は日本語教育に大いに影響を与え、グループプロジェクトや討論などが行われ、学習者が主体的に発信していく授業が行われるようになった（西口 1999, 杉原 2010）。

自律学習：

Holec（1981）は自律（Autonomy）を「学習者が学習に自己責任を取る能力」と最初に定義した。Dickinson（1987）は第二言語教育へ自律学習の概念を取り込み、言語学習における自律学習の必要性を論じ、また自律

学習を自律の度合いの進展によって「自習（self-instruction）」、「自発的学習（self-direction）」、および「自律（autonomy）」と段階づけた。自習（self-instruction）とは、教師の指示やコントロールなしに学習者が学習活動を行うことである。自発的学習（self-direction）とは、学習者は学習タスクに対して、学習に関わるすべての判断を自分の責任で行うものであるが、必ずしもそれらの判断を履行するとは限らない。自律（autonomy）の段階では、学習者は学習に関わるすべての判断を全面的に自分の責任で行い、それらの判断を履行する。完全な自律の場合は、教師や機関の関与は一切なく、学習者は学習のために特別に準備された材料からも独立している。

　自律学習では学生の自己責任が求められる。しかしながら、自己責任とは、いきなり自由を与えられただけでは生まれてこない。Scharle & Szabo（2000）は、そのような状況を、馬を水場に連れて行くことはできるが、馬に水を無理矢理飲ませることはできないという諺を用いたメタファーで表現した。言語教育の教室では、教師は自律学習に必要なすべての環境と情報を提供できるが、それらに加えて学習者が以下のような特徴を持って参与するときのみ、自律学習が可能になる（Scharle & Szabo 2000）。

・自分自身の努力が学習のプロセスにおいてきわめて重要だと考え、それに応じて振る舞う。
・学習グループの他のメンバーや教師と積極的に協力する。
・自分自身の進歩を意識的にモニターし、教室内外の活動を含めて、すべての機会を利用して努力する。

　日本における「自律学習」とは、学習者が「自分自身のために、自らの知識（とスキル）を構築しようとして、仲間や教師やその他のリソースと協力し、交渉しつつ行う学習を、自分自身の手で管理すること」（青木1996: 1）という教育哲学とされている。梅田（2005）は、日本語学習者は様々なリソースを有効に使って自律的に学習する能力を身につけることが必要だと強調した。

　協働学習：
　日本語教育における協働学習は、留学生と日本人学生の間に関係を取

り結んで、留学生の日本社会に対する問題意識を日本人学生と共有するという目的から発生した（杉原2010）。佐々木（1990）の日本人学生と交わる日本事情の授業や、井下（1992）の異文化合同教育の展開の実践報告を皮切りに、数多くの実践研究がなされてきた。岡崎・西川（1993）は「日本語教育の対話的問題提起学習」を提案し、これは大学院日本語教育実習プログラムにおいても応用発展されてきた（岡崎2006）。問題提起学習は多くの教育研究学者によって実践されるようになり（杉原2007, 半原2007, 岩田2007など）、日本語母語話者と非母語話者とが、対等な立場に立ってともに「共生日本語」の学び手となることを目指す日本語教室の実践を追求してきた（岡崎2007）。

日本語教育における協働学習について、池田・舘岡（2007）は、「対等」、「対話」、「創造」、「プロセス」、「互恵性」という協働の概念要素を示し特徴づけた。池田（2008）によると、協働学習は、「自分とは異なる文化背景や価値観を持つ他者を尊重し、対等な学び手として共に創造を生み出すプロセスに参加する」ものであり、「大学コミュニティの多文化共生化」を支える考え方となるものである（p.63）。

総合的学習：
総合的学習（holistic education）は、学習内容を全体的に見直すという視点に基づいた教育理念だが、学習者の態度を重んじるという点で自律学習とつながっている。その提唱者であるMiller（1993）は、教育を「伝達（transmission）」、「交流（transaction）」、「変容（transformation）」という三つの概念によって説明し、この三つの要素にはそれぞれ固有の役割があり、一体となって教育全体を構成する、と述べている。山根（2001）によると、総合的学習成立の構成要素は「参加」、「共同」、「責任」である。主体的参加、共同でのプロジェクト活動、そして学び活動や他の学習者へのケアと義務といった責任は、総合的学習のねらいであり、手段でもある。

ミラー（1997）は、「伝達」、「交流」、「変容」という三つの概念によって、具体的な教育の形を分析した。伝統的な教育はいわゆる知識「伝達」型である。「交流」型教育は、認知レベルの相互作用が重視され、「問題解決学習や探求型の学習」が採用される。求められる教育は「変容型」

の教育である。「変容型」教育では、「人間の存在全体が学習に組み込まれる」ことを提唱するので、教師と学習者[2]の関係は、教えるものと教えられるものという関係ではなく、お互いが「生涯学習者」としてつながっている。そして、いずれも人間としての全体的な成長が求められている。また、学習者の思考力や能力だけが重視されることはない。他者を理解することや他者に共感することも大切な能力であると論じた。

　ミラー（1997）が言うように、学びには、身体、感情、知性、精神のすべての面が含まれる。また、ミラーはその考えに基づいて、狭い意味での学習の限界を指摘している。それは、「学び」を単なる知的学習レベルで捉えていると、総合的学習も、一つの特別な教科として位置づけられ、学校教育に変革をもたらすものにはならないことを意味している。

2.3　細川の総合活動型教育

　筆者の見るところ、これまで述べてきた自律学習と総合的学習、そして活動理論を集大成して捉え、教育実践してきた日本語教育研究者がいる。「学習者主体の総合活動型教育」を提唱した細川（2002b, 2003）である。小川（2007: 22, 34）は、「学習者主体（learner-agency）」を「学習者の主観に基づく認識と学習者の主体的、さらには創造的参加を前提にする教育パラダイム」と捉え、「その主体的行為を通じて、学習者自身が行為者 agent として自己実現していくプロセス」と定義し、新しい日本語教育の方法論を示唆していると述べた。細川（2002b, 2003）は、「学習者主体」とは、単に学習者の意思のままに教室を運営することや、学習者ニーズと言われるものにしたがってテーマを設定したり活動を任せたりすることではないという。ことばと文化がすべて学習者個人の中にあるという立場によって初めて生じる考え方なのである。そのため細川によれば、「学習者主体」は学習者自身が主体的に問題を発見し解決することであり、教師は彼らの思考と表現を支援するものであると考えられている。

　日本語教育において、細川（2007）は「活動型教育」を以下のように捉えた。「自分の考えていることを相手にわかりやすく伝える」とか「あるテーマについて話し合った内容に基づいて考えたことをレポートにまとめる」などのように、他の学習者や担当教員との関わり合いが必要とな

るような具体的な目標を持って、「聞く」、「話す」、「読む」、「書く」の4技能を使う総合的コミュニケーション活動によって、学習者が考えていることを相互に表現・理解させる実践である。日本語教育において「個の文化」を育てる場は「学習者主体」の教室である。

　細川の理論的枠組み（1999b, 2002a, 2002b, 2003, 2006, 2007）の三つのキーワードは、「個の文化」、「学習者主体」、そして「活動型教育」である。これら三つの基本的概念の関係を図で表すと図2-3のようになろう。すなわち、細川が目指しているのは「ことばと文化を結ぶ日本語教育」であり、それを実現するための手段が「活動型教育」であり、それは「学習者主体」という理念に基づいているのである。

図2-3　細川の言語文化教育の統合的アプローチ（Li & Umemoto 2010）

　細川の文化の捉え方は複雑である。先の引用からすれば、細川（2003）は、文化を個人の中にあるものとし、人間から独立して外在していると考えていないように見えるが、この見方は、言語教育という実践的目的のために文化を集団あるいは社会のレベルで捉えないという彼の意図的な選択なのである。しかしながら、文化はある集団に属する人間が伝承し、習得する思考と行動のパターンなので、その社会的性質は無視できない。また、細川（2003）は、文化を一人ひとりの個人の中にある暗黙知の総体と捉え、暗黙知としての文化教育をコンセプトとして示したが、文化と暗黙知の関係について実証的・理論的な説明を必ずしも十分に行ってはいないと言えるだろう。

2.4　グループワークの意味

　グループワークは自律学習、総合的学習、活動型教育などのアクティブ・ラーニングにおいてよく用いられる手法の一つである。グループは

「人が集まり、知識や経験、気持ちを共有する場」であると定義されている（ホスピスケア研究会2005: 95）。グループを成立過程によって大別すると、「自然発生的集団（natural group）」と「人為的集団（formed group）」に分けることができる（大利2003）。教育活動に関わるグループは人為的集団にあたる。

Reynolds（1994: 24–27）は、教育におけるグループワークの意味を以下の3点にまとめている[3]。

- 動機づけ効果：グループでやることで参加意識が高まり、楽しく学べるので、より学ぶことができる。
- 教育効果：教師からだけでなく学生同士学びあうことができ、協力することにより協働のためのスキルも学ぶことができる。
- 政治的効果：集団で学ぶことは、人々を民主的社会のメンバーとして訓練することになる。

ダグラス（2003）は、グループワークの最も基本的なプロセスは相互作用であると述べた（表2-1参照）。「相互作用」は言葉や身振りのパターンを通じてなされるものだけではなく、「スピーチや行動の形では表現されない思考プロセスや感情をも含んでいる」（p.44）。グループの基礎を形成しているのは、共有するという考え方である。「共有するとき、同じ境遇の人々は互いに親近感を持ち、他者の経験を、専門家の知識のようにあたかも本物のように受け入れる力を与えられる」（p.61）。

表2-1　グループワークの最も基本的なプロセス：相互作用

構造的プロセス	グループの発達；役割と地位 サブグループの形成
操作のプロセス	目標設定；意思決定；資源の活用
統制のプロセス	規格・標準・価値の設定；凝集性 影響を受けること；慣習の開発

（ダグラス2003: 44）

2.5　教師とファシリテーターの役割

　Atwell（1991）は「思考する実践者としての教師」というコンセプトを出し、教師は学習者への問いかけを通じて、学習者を観察し、反省し、クラスを理解する教育者であり、自分の発見したことに応じて変化し、学習者として行動するような教育者という位置づけを提唱した。ミラー（1997）は教師のFD（faculty development能力開発）を「一人ひとりの教師の内なる変容」であると強調した。総合的学習の場合、キーワードとなるのは教師の学習者への「共感的理解」であり、学習者の成長への温かいまなざしであり、そして何より自分自身の成長への思いとゆとりであると述べた。

　総合的学習における教師の支援のあり方について、加藤（2000）は総合的学習を学習者の「主体的課題あるいは問題解決学習である」と規定した上で、教師の「助言的支援」を3点挙げている。

- 「なぜその課題を追求したいのか」といった理由をめぐっての助言
- 「何を用いて課題を追求するか」といった追求のための素材・材料をめぐっての助言
- 「どのような順序で課題を追求するのか」といった計画・時間をめぐっての助言

　山根（2001）は、総合的学習で扱う課題は、学習者にとっても教師にとっても「未知」であり新たにチャレンジするものが多いため、教師は学習者とともに「知の最前線にたつ「探求者」であり、「共学者」である」と言う（p.85）。
　細川（2003）は教師の専門性について、「思考と表現を活性化する教室活動をどのように設計できるか」、「設計した教室活動空間をどのように組織化できるか」、「組織化された教室空間での学習者の活動をどのように支援できるか」という視点で論じた。つまり、教師の役割は、クラスの設計者、組織者、および支援者である。舘岡（2005）は、教師の役割をダイナミックな学習活動を深めるために促進するファシリテーターと設

定した。具体的には、「学習環境をデザインし、そこでの相互作用を促し、活性化させること」である（舘岡2008: 42）。梅田（2005）は、教師が教室や教室外で「教授者」、「ファシリテーター」、「学習管理者」などの役割を担っていくことが重要であると述べた。また、教師がファシリテーターになる条件は、グループワークにおいて学習者の学ぶ力を信頼することである（Rogers 1983）。

　星野（2003）によると、ファシリテーションとは広い意味での学習を援助促進することであり、ファシリテーターとは、援助促進する人である。ファシリテーターの仕事を、体験学習のステップの循環を促進することと関連づけて考えてみると、「気づきの促進」、「分かち合いの促進」、「解釈することの促進」、「一般化することの促進」、「応用することの促進」、「実行することの促進」という六つの働きがある（津村2003）。つまり、ファシリテーターとは、学習者が学ぼうとするねらいは何かといったことを掘り起こしながら、その学習者の学習目標に適切な体験を準備し、その体験から学びを深めるための体験学習のステップを学習者自身が通り抜けることができるように援助する教育者のことであると言える（津村2003）。すなわち、ファシリテーターは、何かを教える人ではなく、学習者が体験学習のステップを循環することができるように準備し、学習者に働きかけをすることが大きな仕事になる。

2.6　本章のまとめ

　言語は人間の思考・感情を伝える道具だけではなく、それが内面化された時に認知のプロセス形成における決定的なツールにもなる。文化は基本的には人々の集団の信念や価値観・行動パターンを説明するために用いられる抽象的な概念として使用され、言語と文化は「一つのコインの両面」と言われるように分離不可能で非常に緊密な関係を有している。第二言語学習者は言語や文化の形式知だけを学ぶのではなく、自らの未来を形成していくことになる。そこには学習者の積極的な関与が求められている。「人間の発達とは、新しい社会的活動システムの真の生産にほかならない」（エンゲストローム1999: 211）からである。

　エンゲストロームの活動理論の影響を受けて、「状況的学習」、「自立学

習」、「協働学習」、「総合的学習」そして「総合活動型教育」など様々な概念が提唱され、実践されている。このようなアクティブ・ラーニングの実践方法として、グループワークが頻繁に用いられている。グループワークは学習者の相互作用で成り立ち、教師は「助言的支援」や「ファシリテーター」の役割を果たしている。

以上の知見を踏まえ、研究上の課題と本書の位置づけを明らかにする。それは以下の3点にまとめることができる。

1. 人間はコミュニケーションを通じて社会文化環境における有効な行動規範を構築すると論じられているが、多文化のバックグランドを持つ教室では異文化コミュニケーションがいかに行動規範、すなわちコミュニティの中で通用するルールを作っていくかを明らかにする。
2. 新しい言語・文化の習得は学習者の変容につながっていると論じられていた。しかし具体的には、クラス活動によって学習者がどのように変化しているのかという点についての考察は行われてこなかった。そのため、学習者の知識がどのようなプロセスで、どのように豊かになっているかを考察することが必要となる。
3. 学習者自ら未来の自分を創っていく活動型教育において、教室の一員としての教師、ファシリテーター、および学習者が、どのように相互作用してどのような役割を果たしているのかを明らかにする。

注 [1] 中央教育審議会（2012年8月28日）「新たな未来を築くための大学教育の質的転換に向けて―生涯学び続け、主体的に考える力を育成する大学へ（答申）」（用語集）文部科学省http://www.mext.go.jp/component/b_menu/shingi/toushin/__icsFiles/afieldfile/2012/10/04/1325048_3.pdf（2016年10月18日アクセス）
　　 [2] ミラーは小学生を対象に教育理論を提唱したので、原文は「子供」という言い方を使っている。本書では、より範囲の広い「学習者」とする。
　　 [3] Reynolds（1994: 24–27）のグループワークの意味の翻訳は、以下

の文献を参照した。梅本勝博（2008）「グループとは何か？」『北陸先端科学技術大学院大学とびうめ通信』NO.1

第3章 研究方法とデータの構成およびフィールドの概況

3.1 研究方法とデータの構成

　本研究のため、授業担当者の細川教授の了解を得た上で、2010年4月より7月まで早稲田大学日本語教育研究センターのオープン科目である活動型クラス「考えるための日本語」、およびそのクラスを研究する同大学大学院日本語教育研究科修士課程学生を対象とする「実践研究11」を参与観察した。活動型クラス「考えるための日本語」ではテーマは基本的に学期ごとに変わり、今回は「個人と社会を結ぶ」というテーマであった。シラバスによれば、社会で生きていくために個人は何ができるかという問題を日本語による議論を通して検討する演習である。具体的には、グループディスカッションや、クラス内外の人たちとテーマの実現をめぐって話し合う。さらに、その成果をグループでまとめクラス内で報告してグループ外のメンバーとも意見交換し、最終的にはテーマの実現とその可能性について一人ひとりレポートにまとめるという流れである。「考えるための日本語」、「実践研究11」クラスは、それぞれ週1回全15回であった。その特徴は以下のようにまとめることができる。

- 学習者主体：授業の枠組みのほかはすべて学習者に任せられている。最初の授業で細川教授は「僕は何もしない」と宣言した。
- 「思考可視化」：一人ひとりが初めに動機を書いて活動し、グループワークの後は報告をBBS[1]で共有し、そしてBBSでディスカッションが継続した。自分の考えを常に文字化し他者と共有することによって、自分の中で筋道が見えてくるので、それをまとめてレポート

を作成する。
・「相互自己評価」：各自作成したレポートについてグループ間でコメントし合う。相互自己評価の意義は成績を付けるという点ではなく、良かった点と足りなかった点をみんなでコメントし合う点にある[2]。

「考えるための日本語」クラスは受講者数17人で、単位を取る正規履修の別科生・学部生・科目履修生の10人と、単位を取らないが日本語教育実習生[4]として参加していた大学院生7人である（TAと筆者を含む）。この17人が三つのグループに分かれた。日本語の母語話者は7人で、留学生10人は中級または上級レベルの日本語能力があると考えられる。各グループメンバーのその他の情報については、図3-1に記した。

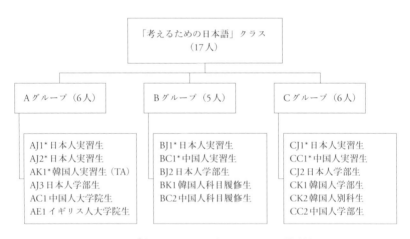

図3-1 「考えるための日本語」クラスの構成[3]

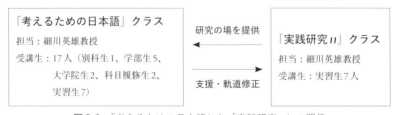

図3-2 「考えるための日本語」と「実践研究II」の関係

7人の実習生は、それぞれ三つのグループのどれかに所属し、グループ活動や雰囲気などについて「観察誌」を書き、メーリングリストで共有して「実践研究11」クラスでディスカッションを行った（図3-2参照）。

表3-1　収集したデータの概要

クラス	内容	種類	対象	その他
「考えるための日本語」	「考えるための日本語」授業録音	音声	細川教授と受講生17人	
	BBSへの書き込み	テキスト	受講生17人	
	インタビュー	音声	細川教授と受講生3人	
	講義の最初と最後のアンケート調査	テキスト	筆者を除く16人の受講生	4月14日と7月14日に実施
	グループの活動成果	テキスト	新聞紙、雑誌、レポート	
	期末レポート	テキスト	受講生15人	TAと受講生1人が提出しなかった
「実践研究11」	「実践研究11」授業録音	音声	細川教授とTAと受講生6人	
	観察誌	テキスト	受講生6人	メーリングリストで共有
	期末レポート	テキスト	受講生6人	同上
	メールインタビュー	テキスト	筆者を除く受講生6人とTA	

　筆者は2010年4月から7月にかけて「考えるための日本語」と「実践研究11」の授業に毎回出席し、参与観察を行った。「考えるための日本語」クラスのBグループに入り、ICレコーダーでBグループのグループディスカッションの音声データを収集した。また、「実践研究11」の授業もすべて録音し、音声データを収集した。さらに、「考えるための日本語」の最初と最後の授業で実施したアンケート調査や、筆者を含めたクラスメンバー全員のBBSへの書き込み、個人レポート、および「実践研究11」受講者の観察誌[5]をデータとして収集した（表3-1参照）。

　また、「考えるための日本語」クラスと「実践研究11」クラスのメンバー全員を対象に、それぞれ「資料使用のお願い」と「資料使用の許諾書」にサインしてもらい、以上の資料の使用許諾をもらった。

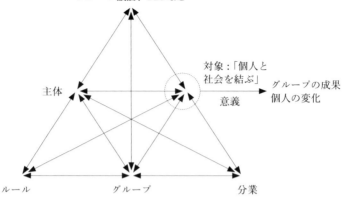

図3-3 「考えるための日本語」クラスの活動モデル
（エンゲストローム1999: 79を改変）

データ分析は以下の手順で行った。

1) 「考えるための日本語」クラスの三つのグループのそれぞれの活動について、エンゲストローム（1999）の活動システム・モデルを使って分析した。（図3-3参照）。三つのグループのグループワークのプロセスを解析し、活動型教育における多文化グループワークのプロセスを抽象化する。

2) 収集したテキストデータを、質的データ分析用ソフトウェアMAXQDAを用いてグループごとに分析した。具体的には、修正版グラウンデッド・セオリー・アプローチ（M-GTA）の手法で、まずテキストデータをMAXQDAでオープンコーディングした。次に、生成された概念を「学習者のセルフ・ナレッジの変化」や「協働」などのカテゴリーにまとめた。テキストデータのコーディングは理論的な飽和に達するまで3回行った。「学習者のセルフ・ナレッジの変化」すなわち、このクラスを通じて得た気づきに関するカテゴリーは、1回目に七つのカテゴリーが生成され、2回目には五つのカテゴリーに、3回目に「個人レベルの言語的知識についての気づき」、「集団レベルの言語的知識についての気づき」、「個人レ

ベルの文化的知識についての気づき」、「集団レベルの文化的知識についての気づき」という四つのカテゴリーに絞り込まれた。分析対象は、グループのメンバー全員とし、各人の傾向を調べた。
3) グループメンバーの「セルフ・ナレッジの変容」を育むグループワークのプロセスおよびメンバー間の相互作用を分析した。総合活動型教育における受講生の言語・文化の相互理解、および言語的知識や文化的知識の変容のプロセス、および教師とファシリテーターの役割を分析する。
4) 主要な発見事項をまとめ、言語・文化を統合的・主体的に学ぶ多文化グループワークの理論モデルと実践モデルを提示し、多言語文化共生社会の構築に向けてグローバル人材育成の新しい教育法を提案する。

3.2 フィールドの概況

3.2.1 Aグループの活動概要

Aグループは、日本人、中国人、韓国人、イギリス人からなる（表3-2参照）。その中で、実習生のAJ1*、AJ2*とAK1*はそれぞれ日本語教育歴を持ち、韓国人AK1*はクラスのTAであり、グループの一メンバーとし

表3-2　Aグループメンバーリスト

名前	性別	国籍	年齢（歳）	日本語学習歴（年）	日本滞在期間（年）	日本語力	専攻・所属	日本語教師歴
AJ1*	女	日本	28	—	—	母語	日本語教育	1年（フィリピン）
AJ2*	女	日本	33	—	—	母語	日本語教育	10年（中国等）
AK1*（TA）	女	韓国	40	14	12	1級	日本語教育	2年（アメリカ）
AJ3	男	日本	19	—	—	母語	生涯教育	—
AC1	女	中国	30	3	2	1級	社会学	—
AE1	男	イギリス	24	5	1	2級	国際関係	—

て参加しているがグループ内の課題の分担には加わらなかった。その他に、イギリス人留学生AE1と中国人留学生AC1は大学院生であるが、専門は日本語教育ではなく、単なる受講生として参加していた。AJ3はAグループの唯一の学部生で、最初は「クラスの受講生は案の定日本語教育に関連している人たちばかりで、半分以上が修士であるなど私は早速「"普通"の学部生がこのクラスという社会に繋がれるのか」という問いを感じた」(AJ3の期末レポート)[6]ほど不安であった。

　Aグループは活動として新聞の編集・発行を選んだ。Aグループの(AK1*を除く)メンバーの「分業」は、各自がキーワードを決めてインタビューを行うことであった。AJ3は「日本語・考える」をキーワードに日本語学校の先生にインタビューした。AJ1*は「愛」をキーワードに非営利組織を経営している自分の父親にインタビューした。AJ2*は「責任」をキーワードに特別支援学校の先生にインタビューした。AC1は「個人が社会に結ばれるためには、言葉だけがその手段ではないのではないか」という疑問から、日本で仕事をしている中国人ビジネスマンにインタビューした。AE1は「社会人」はどのように「認知」されているかということを、大学院の社会学の教授に訊きたかったが、教授の都合がつかなかったため海外留学の経験がある日本人の友人にインタビューした。

　Aグループの各メンバーが自分の分担を果たし、グループとしての認識をはっきり明示化して、グループ全員で新聞の「社説」を書きあげたことは評価できる。Aグループのもっとも基本的な関係は、学習者(主体)と「個人と社会を結ぶ」という課題(対象)とAグループ(コミュニティ)の間で作り出され、互いに媒介し合う逆三角形となっている。グループ活動のツールとして、インタビュー、グループディスカッション、BBSを活用した(図3-4参照)。これらのツールは、学習者、グループ、および課題の完成に作用している。そして、各メンバーが自分の担当分を協力しながら果たすうちに、Aグループ特有のコミュニケーションのやりかた、すなわちグループの「ルール」も生まれてきた。それは「自分の考えを丸ごと出すこと」であった。これによって、「結果的に、グループでのディスカッションを通して、自分一人で考える以上のものを考えることができたと思うし、新聞記事の作成に至っても、自分一人で書くよりもずっと良いものが書けた」(AJ1*期末レポート)。

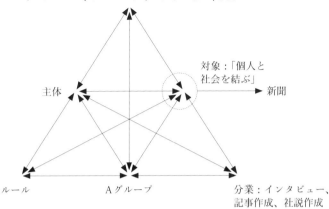

図3-4　Aグループの活動モデル

3.2.2　Bグループの活動概要

　Bグループは、2人の日本人男性、2人の中国人女性、1人の韓国人女性からなっている（表3-3参照）。日本人男性BJ1*と中国人女性BC1*は日本語教育歴があり、BC2とBK1という留学生は2人とも日本語能力試験1級合格者で、日本語で意思を伝えるのには問題がないように見えた。そして、日本人男性BJ2は韓国語と中国語を勉強中であった。Bグループ

表3-3　Bグループメンバーリスト

名前	性別	国籍	年齢（歳）	日本語学習歴（年）	日本滞在期間（年）	日本語力	専攻・所属	日本語教師歴
BJ1*	男	日本	28	—	—	母語	日本語教育	5年中国
BC1*	女	中国	33	15	5	1級	日本語教育	8年中国と日本
BJ2	男	日本	25	—	—	母語	商学部	—
BK1	女	韓国	26	3	3	1級	科目履修生	—
BC2	女	中国	26	8	5	1級	科目履修生	—

の5人全員が外国語学習と海外渡航の体験を持っていたので、「言葉が通じないことによる社会と断絶されたような感覚」への共通認識が得られた（BC1*4月14日観察誌）。

しかし、「社会とは何か」、「個人と社会を結ぶものは何か」という抽象的概念を討論すると、空気が堅苦しくなり沈黙が続いた（BJ1*、BC1*4月21日観察誌）。そこで、グループ内で曖昧な討論を続けるより、様々な人にインタビューを行い、個人と社会を結ぶものについての彼らのストーリーを聞き出し、改めて考え直すことになった。メンバー5人のインタビューの対象および詳細は表3-4の通りである。インタビューの結果として、個人と社会を結ぶものは利害関係、お金、共通認識などがあったが、まとめるとお金と感情的な「絆」という結論になった。グループ活動の成果として、「シャネル」という雑誌を作り上げた。

表3-4　Bグループのインタビュー

担当者	インタビュー対象	対象の プロフィール	個人と社会を 結ぶものは？（結論）
BJ1*	S（27歳）	ニート	利益、 ギブ・アンド・テイク
BC1*	G.S.（20代）	大手会社総合職； 中国出身、4歳頃来日	利害関係、共通認識
	X.Z.（20代）	大学院生；中国出身、 3歳半で来日	
BJ2	M.Y.（30代）	18歳から15年間 水商売、現在自営業	「お金」と「好意」
BK1	P（26歳）	韓国出身、社会人歴 あり、現在留学中	共生
BC2	S.K.	正社員、専業主婦を 経て、現在パート	「働き」あっての「収穫」

Bグループの活動において、主体（学習者）と対象（個人と社会を結ぶという課題）とグループの間で作り出され互いに媒介し合う逆三角形が、活動システムの基本関係となる（図3-5参照）。

すなわち、「主体」としての学習者はグループで協働し互いに影響を与え合い、学習者がグループをまとめていくと同時に、グループの一員として自分なりの役割を果たしていく。個人の主張とグループ全体の主張

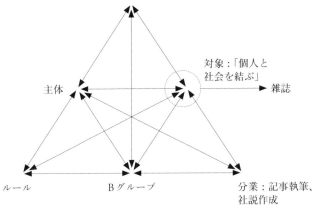

図3-5　Bグループの活動モデル

が対立しないように調整しながらコミュニケーションしていくというのが、Bグループの「ルール」になる。そして、授業中グループ議論したり、授業後にBBSで意見を交換したり、教室外の人にインタビューしたりするのは、対象の「個人と社会を結ぶ」という課題を解決するための「ツール」になる。このツールは、主体、対象、グループと作用し合っている。インタビューを終えて、グループディスカッションおよびBBSで意見を交換し、個人の作業として記事作成や雑誌編集の作業に入ったが、このような「「共通活動」を通じて、表面的な穏やかな人間関係を維持することから、すでに「頼り合う仲間意識」へと発展させてきた」（BC1*6月30日観察誌）。つまり、個人の「分業」は、課題の完成、グループのまとめ、および学習者と作用し合っていた。

3.2.3　Cグループの活動概要

　Cグループは、中国と韓国から来た留学生と日本人学生の6人からなる（表3-5参照）。日本人実習生のCJ1*は、大学院に入る前に日本語学校で留学生を対象に日本語を10年間教えた経験があり、クラスの実習生の中で最も教育歴が長い。もう1人の実習生で中国人留学生のCC1*は

表3-5　Cグループメンバーリスト

名前	性別	国籍	年齢（歳）	日本語学習歴（年）	日本滞在期間（年）	日本語力	専攻・所属	日本語教師歴
CJ1*	女	日本	37	—	—	母語	日本語教育	日本で10年
CC1*	女	中国	28	9	1年未満	1級	日本語教育	—
CJ2	女	日本	19	—	—	母語	人間科学部	—
CK1	男	韓国	26	3	3	1級	教育学部	—
CK2	男	韓国	26	3.5	1	1級	日本語別科	—
CC2	女	中国	20	3	1	1級	政経学部	—

非常勤インストラクターを目指す大学院生であり、日本語教育の経験はない。その他のメンバーは、日本人学部生、中国人学部生、韓国人別科生と学部生がそれぞれ1人ずつである。

　Cグループは、ゲシュタルト心理学の「一見ばらばらに見える事項から共通のものを見つける」という考え方がグループの趣旨と合っているということから、グループの名前を「ゲシュタルト」に決めた（CJ1*4月21日観察誌）。最初に一人ひとりが持っている「個人と社会を結ぶ」ということについてのイメージを語り合い、コースナビ（以下BBS）で自分のエピソードをアップロードした（CC1*4月21日観察誌）。その後、個人と社会を結ぶキーワードとして「柔軟性」、「包容性」、「相互関係」が決まった。

　これらのキーワードをヒントに、「「個人と社会を結ぶ」ことについて象徴的だと思われるいくつかの場面を「劇」の形で見せ、他のメンバーとともに考えたい」という方向で合意した（CJ1*4月28日観察誌）。「劇」という表現手段を選んだのは、「メンバーの中に数名、演劇部出身者や劇を使って相手に訴えるという活動をしたことがある人がいるというのがその発端である」（CJ1*4月28日観察誌）。Cグループの活動全体を見ると、劇をする動機について十分に詰めて考えないで、「何となく劇は面白そう

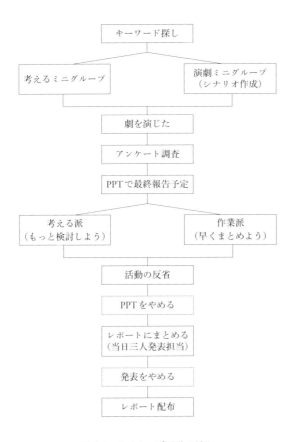

図3-6　Cグループ活動の流れ

のような漠然とした気持ちのママ、具体的な方法論に走ってしまった」。それに対して、「もう少し個々人の「なぜ劇がいいのか」「劇をすることの意味」「劇ではないことをする可能性」などについて意見をぶつけ合うことも必要だ」と思ったメンバーもいた（CJ1*4月28日観察誌）。そこで、グループの中で「発言の歯切れの悪さ、居心地の悪さを感じ」、グループとして意見が統一できず、グループが分裂したこともあった。5月12日の授業で、「なぜ劇がいいのか、動機についてもっと考えよう」という「考えるミニグループ」（CJ1*、CC1*、CJ2）と、「劇の活動案を検討しよう」

という「演劇ミニグループ」（CC2、CK1、CK2）に分かれて議論をした（5月8日〜18日BBS）。

　この分裂を経て統一された意見として、「考えるグループ」は動機文を書いて、教室外の人にインタビューし、その結果をシナリオに入れることで二つのミニグループが再統合されて「演劇グループ」となることになった（5月21日BBS）。そして、分裂を経てからCグループは「お互いの歩み寄りが見られた」と感じ、「相手」と「自分」の考え方の違いを認めた上で多少近づきあえた」（CJ1*5月19日観察誌）。6月9日にCグループが教室で劇を行い、クラスの他の二つのグループを対象にアンケート調査を実施した。劇の振り返りとアンケート調査の結果を踏まえて、パワーポイントでクラスに報告することになった（6月9日BBS）。

　Cグループの活動においては、活動のツールは主にグループディスカッションと劇であった。BBSでの書き込みもあったが、グループ活動のまとめが多く、意見交換が少なかった。アンケート調査の結果の検討を通じて、Cグループは表現することの難しさや、人による理解のズレ、自分の活動の甘さなどに気づいた。

　グループ活動を成功に導いたのは、各メンバーの「分業」である。例えば、シナリオとアンケートの作成、レポートの執筆などは、協働による作業になったが、個人が担当する「分業」によってそれぞれ役割を果たし、コミュニティが構築された（図3-7参照）。そして、グループディスカッションを進めると同時に、反対意見を受け入れながら自己主張できるような活動の「ルール」が徐々に生まれてきた。このルールも当然メンバーの意見伝達に影響を及ぼしている。グループ活動において、主体（学習者）と対象（個人と社会を結ぶという課題）とコミュニティ（Cグループ）の間で作り出され、互いに媒介し合っている逆三角形が、活動システムの基本関係となる。Cグループの場合は、媒介人工物は、劇、グループディスカッションとBBSである。活動クラスの学習は、個人を単位にした「刺激―反応」図式で示されるものではなく、グループ内部の協働的・実践的な「活動」であり、かつ活動が文化に媒介されたシステムである。

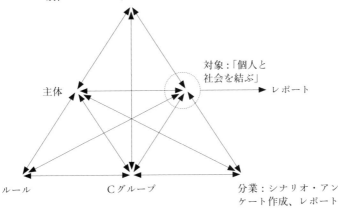

図3-7　Cグループの活動モデル

3.3　本章のまとめ

　本研究は、早稲田大学日本語教育研究センターのオープン科目である活動型「考えるための日本語」（細川英雄教授担当）の事例研究である。2010年4月より7月まで筆者は、上記の科目、およびそのクラスを研究する同大学大学院日本語教育研究科修士課程学生を対象とする「実践研究11」を参与観察した。データは授業録音、BBSへの書き込み、細川教授・TA・受講生へのインタビュー、期末レポートが含まれている。そして、エンゲストローム（1999）の活動モデルを使って、「考えるための日本語」クラスの三つのグループのそれぞれの活動を分析した。三つのグループの基本的な関係は、学習者（主体）と「個人と社会を結ぶ」という課題（対象）とグループ（コミュニティ）の間で作り出され、互いに媒介し合っている逆三角形となっている。グループ活動のツールとして、インタビュー（あるいは劇・アンケート調査）、グループディスカッション、BBSを活用した。これらのツールは、学習者・グループ・課題の完成に作用している。そして、各メンバーが自分の担当分を協力しながら果たすうちに、各グループ特有のコミュニケーションの「ルール」もできあがって

いった。Aグループの「ルール」は「自分の考えを丸ごと出すこと」であった。Bグループは「個人の主張とグループの主張が対立しないように調整しながらコミュニケーションしていくこと」であった。Cグループは「反対意見を受け入れながら自己主張できるようにすること」であった。こうしたエンゲストロームの活動理論による分析の結果、クラス活動における「主体」、「対象」、「コミュニティ」、「ルール」は相互作用的に関連していることがわかった。

　では、活動型クラスにおけるグループ活動は、いかに行われているのか。次章では、各グループの実態を見ていくことにする。

注 [1]	早稲田大学は授業支援ポータルとしてCourse N@vi（コースナビ）を導入し、教員と学生、学生同士のディスカッションを図る場として掲示板（BBS）を設けている。本事例研究に出ているBBSはこのコースナビに設けられている電子掲示板のことである。
[2]	2010年4月14日の授業・細川教授の口頭説明による。
[3]	メンバーの表記はグループの名前、国籍の最初のアルファベット、数字からなっている。BJ1*のように「*」印が付いている場合は実習生を表す。BグループのBC1*は筆者である。
[4]	実習生は、ファシリテーターでありながら、グループの一メンバーでもあるという二重の立場にいる。
[5]	「実践研究11」を受講する大学院生の課題として、「考えるための日本語」クラスを毎回観察し、その気づきをまとめて毎回メーリングリストで共有した。
[6]	学生のレポートやBBSでの発言などは、誤字脱字や誤った表現があっても原文のまま掲載している。以下も同様。ただし、文意が通りにくい箇所には、適宜、「筆者注」を補った。

第4章 活動型教育における多文化グループワークのプロセスの解析

前章では、「考えるための日本語」クラスの三つのグループのそれぞれの活動について、エンゲストローム（1999）の活動システム・モデルを使って分析した。第4章では、三つのグループのグループワークのプロセスを解析し、活動型教育における多文化グループワークのプロセスのモデル化を試みる。

4.1 Aグループのグループワークの分析

「考えるための日本語」クラスは、細川教授のシラバスによると、まずガイダンス（1週間）、次に動機執筆（3週間）、続いて活動（5週間）、まとめ（3週間）、相互自己評価（3週間）と進む。Aグループの活動を見てみると、確かに動機づけ（自分のテーマを見出す）→ 活動（インタビュー）→ まとめ（新聞作成）という流れで行われていた。本章では「動機づけ：自分のテーマを見出す」、「活動：インタビュー」と「まとめ：新聞作成」という三つの段階で「言語文化がいかに習得されたのか」、「学習者はいかに相互作用したのか」と「ファシリテーターと教師はどのような役割を果たしたか」を明らかにする。

4.1.1 自分のテーマを見出す：「表現」・「共有」の場による文化的背景・グループ内役割に対する認識の向上

4月14日の初回授業から4月28日の第3回授業の間に、Aグループのメンバーは、意見を出し合うグループワークの結果、「個人と社会を結ぶ」というテーマのもと各自のキーワードを見出した。メンバーの体験に基づくキーワードは各自が興味を持っている事柄であり、それが自ら

の活動テーマになった。この期間を「自分のテーマを見出す」段階とする。グループ協働の場で、学習主体としてのメンバーが自分でテーマを見出したのである。AJ1*はこのプロセスを次のように理解していた。

> 活動型日本語教育は、学習者は与えられたテーマをこなすのではなく、自分自身の中からテーマを探るというのがミソである。自分でテーマを設定し、そのテーマに基づいて活動を行うため、授業を通して自分自身の課題と深く向き合うことになる[1]。
> （AJ1*観察誌6月2日）

個人の文化を言語に転換

Aグループの活動を時間の流れに沿って見ると、漠然とした「社会」の概念について、4月14日の一回目のグループディスカッションでは、「自立した個人が愛を共有する場」という意見に統一されたが、メンバーの個人的な体験についての発言が少なかったために、互いの理解が深くならなかった。この段階で実習生のAJ1*とAJ2*は、個人的な体験を語る場を目指して、メンバー同士の信頼関係が十分に築かれる必要があると意識していた（AJ1*、AJ2*、4月14日観察誌）。4月21日には新しいメンバーAC1を迎え2回目のグループディスカッションが行われ、そこでは活発な意見交換がなされるようになった（AJ1*観察誌4月21日）。

グループのメンバーが自分の体験に基づき意見を出す行為は、自分が属している文化から、「個人と社会を結ぶ」というテーマに関する暗黙的な知識を言語化し、グループディスカッションの場で共有することを意味する。各メンバーは、議論の場で異なる経験に基づいた意見を出し、自分の属する文化やそれに基づく行為に対する認識を相互に刺激しあった。「自分の思っていることを言葉で伝える難しさを実感した」（AJ2*4月21日観察誌）のである。これは、暗黙知を言語化することの難しさを表している。また、他者の異なる意見を聞くことで、自分の意見がよりはっきり見えてきた。「今回いざふたを開けてみたら、まず「社会」の及ぶ範囲についての認識が、メンバー間でかなり違っていた」（AJ1*観察誌4月21日）。

具体的には、以下の下線部分で示したように、他のメンバーの異なる

意見を聞いて自分の暗黙的な文化に気づくようになった。そして、自分の考えを明確にし、言葉に転換させることができた。最終的にはグループ内で意見を共有することができた。このプロセスは、すなわち、個人レベルの文化的知識を言語化し共有することを通じてグループの文化となるプロセスと言える。それは個人レベルの文化的知識の「言語化」であり、それがグループとしての意見になっていく過程は「社会化」と見ることができる。

> 「社会は何らかの形で利益を生み出すものでなければならない」「社会とつながるとは働くことだ」といった意見に対する、「家庭の中の赤ん坊や主婦、学生は社会的な利益を生み出していないのか」といった反論も出されたが、<u>異なる立場の意見を示し合ったことで、「社会とつながるとは、人間関係を築くことに他ならない」「私たちは既に社会の中に存在している」という気づきをグループ内で得ることができた。</u>
>
> （AJ1*観察誌4月21日）

文化的知識を言語に転換し、グループで共有

　4月28日のディスカッションではメンバーの考えが衝突し、それを解決しようとした結果、新聞という形でクラスのテーマについてのグループの考えを表現することになった（AJ1*4月28日観察誌）。その日の活動報告によると、各自が「個人と社会をつなぐ活動案」を持ち寄り、「インタビューがよいという意見と、何か「創造」できるものがよいという意見が出されたので、両方をつなげて、各自がインタビューした内容を新聞にするという方向」になった。TAを除く5人のメンバーは、グループの話し合いによって「自覚」が高まり、それぞれ「個人・自律」「社会・共生」「愛」「つなぐ・結ぶ」「日本語・考える」という自分の調査するキーワードを決めた（AグループBBS）。

　この段階では、AJ1*とAJ2*はグループ活動における自分の役割を「ファシリテーター」と位置づけ、グループワークをよりよく支援できるよう努めていた。「ファシリテーター」としての役割については、AJ2*が最初「義務感のようなものを感じていた」（AJ2*観察誌4月21日）のに対し

て、AJ1*は、まず「一参加者として、学習者とともに気づきの体験を重ね、新たな創造に加担する存在であってもいい」と考えていた。その後、「議論の中で立ち止まらされたとき、例えば反論されたときや言いたいことが伝わらなかったとき」、「考えるきっかけ」を作れるファシリテーターになりたい、とその日の観察誌に記している（AJ1*観察誌4月28日）。そして、この段階では実習生以外のメンバーが場面ごとに交代してファシリテーターになったこともあった。

> （AC1さんは）一回目の実践では比較的よく話していたのに、この日の話し合いでは、途中から静かになり、私は「議論があまりにも混迷していて、話すのが嫌になってしまったのかな」と思ったのを覚えている。実際に「誰か、方向性を説明してください！」と助けを求めたのも、この日の議論の後、グループの名前を「悶々」にしたいといいだしたのもAJ1さんだった。（中略）この日の活動報告を見事なまでの詳細記録をML上に報告してくれたのである。（中略）気分を害して沈黙していると思ったのに、ほんとうによくグループの話を聞いていたのだと知った。ちなみにこの時AC1さんは、ML上で議論のまとめまでしてくれた。

［ファシリテーターの自然発生］

またこの段階では、教師はクラスを見守るだけでほぼ干渉しなかったが、肝心な点でごく手短な介入が見られた。4月28日の授業で各グループが活動としてインタビューをしようということについて話し合っているところに、教師は「なぜその人にインタビューするのか」と問いかけた。その日の活動報告によれば、教師からこのように問いかけられたことで、肝心な点が不十分であったことに気づき、Aグループのメンバーは新たにインタビューの動機について考え直すことになった。

> インタビューの対象者は、各自の判断で、「この人に聞きたい！」という人を選ぶことになりましたが、今の段階では、「なぜその人なのか」という説明が、今一歩

［文化知識を言語に転換］

<u>不十分なメンバーもいるので、それをきちんと説明で
きるように考えることが今週の宿題になりました。</u>
(AグループBBS 4月28日)

　この段階の活動を図4-1で表すことができる。ファシリテーターたちは、試行錯誤しながらより良いディスカッションができるように場づくりを実践していた。そして、教師の「見守り」と適切な介入によって、大事なポイントについて突っ込まれ、考えるきっかけとなった。メンバーは個人レベルの文化に基づいた意見を表現し、共有した。また、新たな気づきを得て考えが深まった。この自覚によって考えついた意見がまた表現され、共有された。この循環によって、メンバーのセルフ・ナレッジの文化が言語化され、社会化される。

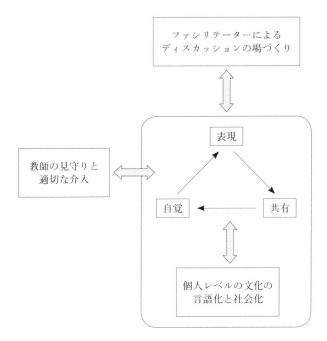

図4-1　Aグループの協働「自分のテーマを見出す」段階の活動

4.1.2　インタビュー：「対話・表現」による意見の「統合化」

　5月12日より5月26日までの3回の授業期間にはインタビューの下準備がなされた。そして、5月26日の授業が終わってから次の授業（6月2日）までの一週間を利用して、インタビューを済ませた。インタビューを行う前に、各メンバーは「なぜこの人にインタビューするのか」、「なぜ新聞にするのか」、「どんな質問をするか」について考え、ディスカッションした。「自分のテーマを見出す」段階と比べ、この段階は「対話」[2]が多くなった。「対話」のできる第一の条件は「共有」である。5月12日の授業時間を利用して、グループのメンバーは「なぜこの人にインタビューするのか」という活動動機を再び発表し、より議論が深まった（AJ2*5月12日観察誌）。意見の共有について、AJ1*は以下のような気づきを表現している。

> 私たちはディスカッションを通して、メンバーからの「なぜ」の疑問に答えるために懸命に自分の思考を表現し、それをコミュニティ内で共有しようとしている。共有することで、「私の関心」は「私たちの関心」になり、コミュニティ内でのつながりを強めていく。
>
> （AJ1*観察誌5月12日）

［個人の文化的知識の共有］

　個人レベルの文化を背景にした意見を言語化し、それらをグループで共有することを通じて、「私の関心」は「私たちの関心」になり、グループの共通関心になる。それは、個人レベルの文化の「言語化」と「社会化」である。そして、「コミュニティ内でのつながりを強めていく」ことによって、グループに対する帰属感が生まれる。

　5月12日の授業後、クラスのBBSでの書き込みがあった場合、投稿を知らせるメールがクラス全員に送信されるようにTAが設定した。これがBBSの活用を促進させることになった。グループディスカッションの場がもう一つ増えたのである。5月16日のBBSには、AJ2*は「やっぱり、仕事していない人は社会人じゃないの？？　じゃ、主婦は？」という質問をメンバーに投げかけた。5月18日のBBSに、中国人留学生AC1は新たな意見を書いた（下線部の通り）。

> 引きこもりの人とニートは社会とつながると思います。(中略)人間は精神的に、感情的に、本能的に、ほかの人とつながらなきゃいけないから（たとえvirtualの他人でも）、そのつながりを維持するために、自律と共生が必要だと思います。　　　　（AグループBBS 5月18日）

> [BBSは対話の場となった]

　このように、BBSを通じて授業外の時間もグループディスカッションが続けられた。またBBSでのやりとりは、対面の「対話」と違い、時間をかけて思考する余裕があるので、考えを整理するのに向いていた。AC1の専門は社会学で、「個人と社会を結ぶ」というクラスのテーマと関連がある。グループの質問に答える中で、自分の専門である社会学の知識も利用でき、それを「個人と社会を結ぶ」というテーマと統合することを通して、自分の考えが深まっていった。

　活発になってきたグループディスカッションを通して、各メンバーは自分のテーマについて次のように更新した。

　個人のテーマ：
　AJ3　：個人と社会が結ばれるところに言語があるのか。日本語学校の先生と生徒に聞きたい。
　AE1　：個人と社会を結んでいるのは、「社会人」では？　でも、「社会人」とは誰か。大学院の先生に聞きたい。
　AJ1*：個人の活動が、社会と社会を結んでいることもあるか。愛とは何か。父親に聞きたい。
　AJ2*：個人が社会と結ばれるためには、何が必要なのか。特別支援学校の先生に聞きたい。
　AC1　：個人が社会と結ばれるために必要なのは、言語だけではないのではないか？　日本で働いているビジネスパーソンに聞きたい。
　　　　　　　　　　　　　　　　　　（AグループBBS 5月21日）

　4月28日のグループディスカッションで「新聞」の形で成果を発表すると決めたが、「なぜ新聞にするのか」という問題をAグループでディスカッションして、5月21日のBBSでその動機を発表した。下記の下線部

からわかるように、Aグループは、「クラス」、「グループ」、「個人」の三者の関係を動態的に捉えた。すなわち、「クラス」と「グループ」、「グループ」と「個人」という二つの組をそれぞれ「社会」と「個」として捉えた。そして、グループで考えた「個人と社会を結ぶ」キーワードで、その「社会」と「個」の関係を説明した。言い換えれば、Aグループは、グループ活動を通して「個人と社会を結ぶ」というクラスのテーマを実践していることに気づいた。それは、メンバーの個人体験において、クラスのテーマとグループの活動を統合した結果である。

> 以前、「個人が社会とつながっている経験」をみんなで話し合ったときに、出てきた体験談から、キーワードは「責任」と「認知」（中略）<u>Aグループを社会と考えたとき、メンバーは「個」、悶々[3]は「社会」となるが、その中で作業を分担することは、一人ひとりが「責任」を負うこと。また、分担して役割があるということは、一人ひとりが「認知」されている証拠</u>。同じように、<u>クラスをひとつの社会と考えたとき、Aグループから発信することは、Aグループを「認知」してほしいと訴えること。クラスの目的の活動を悶々がすることは、クラス作業の「責任」を果たすこと。</u>
>
> 個人と社会が結ばれるための「責任」と「認知」を新聞作りという形で達成しようという試みがしたいから！！（AグループBBS 5月21日）

クラスとグループの関係の捉え方

軌道に乗ったグループ活動の中で、最初は他者と意見交換しないメンバーもいた。AJ2*の5月19日の観察誌によると、日本人学部生AJ3は、2回目のグループディスカッションの途中から3回目と4回目の授業まで、一見議論を放棄したように見えた。しかし、5回目にAJ3は突然自分の新たな意見を述べた。それについては、5月26日の授業での次のやりとりからわかる。

　　AJ3さんが、「<u>この授業に出て、視野が広がった。前ま</u>

で思いつかなかったようなことを考えるようになった。例えば、前は社会といえば仕事と結びつけていたけど、今は違う」と言ったので、(中略)「なぜ変わったのか」と尋ねた。すると、「他の人の意見を聞いて、そうだなぁと思って」という答えだった。しかし、(中略) AJ3さんが「そうだなぁ」と思えるほど、「社会とは何か」を議論していたような気がしない。それでもAJ3さんの考えが変わったということは、AJ3さんは、グループの中で出てきた色々な話を、自分の経験に照らし合わせてみたり、他の人のインタビューの動機や内容から、「社会」の枠に戻って考えてみたりしていたのかなと思った。　　　　　　（AJ2*観察誌5月26日）

　AJ3は、グループディスカッションでは直接自分の考えをさらけ出していなかった。つまり、5回目の授業まで、AJ3はグループメンバーとの直接的な「対話」をすることは少なかった。しかし、AJ3が他のメンバーの意見を聞いて「自分の経験に照らし合わせてみたり、他の人のインタビューの動機や内容から、「社会」の枠に戻って考えてみたりしていた」というAJ2*の観察を見ると、AJ3はグループの意見と自分の経験とを統合して、考えを更新していたと推察される。そうだとすれば、これは間接的な「対話」と言える。すなわち、AJ3は、当初個人レベルの文化から「社会といえば仕事と結びつけていた」が、他のメンバーから異なる文化的気づきを得て、それを自分の持っている文化と統合し、新しい文化的気づきが生まれたので、それで「視野が広がった」ということになるだろう。

　この段階において、Aグループのファシリテーターたちは、授業後もグループディスカッションが続くように、他のメンバーに活発に発言するように仕掛けた。例えばAJ2*は、5月16日のBBSで、各メンバーのキーワードについて個人の意見を述べ、一人ひとりを指名して、思考し発言することを呼びかけていた。また気軽に発言できるように感情的なコミュニケーションもしていた。クラス全体から見ると、AグループはBBSでのやりとりが最も活発であった。

AJ2*がメンバーに発言を呼びかけたのは、思考過程の共有は非常に大事だと主張していたからである。5月19日のAJ2*の観察誌には「思考過程を発信すること、例えば「この先、また考えが変わるかもしれないけど、今はこう思っています」と表明することは大切である」とある。5月26日の「実践研究11」[4]クラスで、実習生と教師は「思考過程の共有」方法についてディスカッションしたが、その結果BBSを活用して「思考の可視化」をしようということになった（「実践研究11」授業録音5月26日）。同日の「考えるための日本語」クラスでは、教師の提案で「評価方法」について各グループで話し合った。Aグループの意見として、評価は「自己評価」と「他者評価」の形で行い、評価の基準は「自己更新力」とすることがまとまった[5]。具体的なやり方は「実践研究11」でディスカッションした通りに、考えていることと作業のプロセスを、BBSに書いて他人に見せるということである（Aグループ5月27日BBS）。自己評価の問題については、教師から「何をもって成長していると判断するか」と問いかけられ、グループでそれについてまた話し合うことになった（AグループBBS 5月28日）。

　この段階の活動を図4-2で表すことができる。ファシリテーターたちは、教室での活動に加え、BBSでもディスカッションができるように場づくりに取り組んでいた。そして、教師の「何をもって成長していると判断するか」という問いかけによって、新たに考えるきっかけを与えられた。グループの意見交換を通して、メンバーは他者の意見を引き受けようとすることで、新たな文化的気づきを得て、考えが深まった。例えば、先ほど述べたAJ3の「視野が広がった」という感想がそれである（AJ2*観察誌5月26日）。学習者は新たに得た気づきをまた言葉で表現し、グループで共有する。この循環によって、メンバーの個人レベルの文化が他者の文化と統合化され、そしてグループ内で共有されることで社会化される。

4.1.3　新聞作成：「統合」と「内省」を中心とする考えの構築

　Aグループのメンバーは、5月26日の授業が終わってから次の授業（6月2日）までの一週間を利用してインタビューを行った。その後6月2日より6月30日にかけて、各メンバーのインタビュー内容についてディス

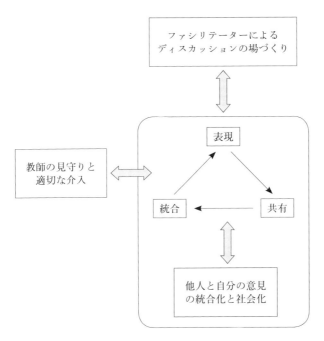

図4-2　Aグループの協働「インタビュー下準備」段階の活動

カッションし、グループで作る新聞の各自担当の紙面および社説を作成した。

　4.1.2で述べたように、「思考の可視化」が教室で呼びかけられたので、BBSでの書き込みが全体的に増えた。教室でのディスカッションの補助的な場として、インタビュー結果の報告、他のメンバーとの主張確認、意見交換などいくつかの役割を果たし、「新聞作成」段階においてBBSは特に活用された。結果から言うと、クラスで提唱された「思考の可視化」はまさに実現されていたと考えられる。以下は、AC1の記事作成を例にBBSでの交流を分析する。

　AC1は、「個人が社会と結ばれるために必要なのは、言語だけではないのではないか？」というテーマで、来日10年と17年の2人の中国人ビジネスマンにインタビューした。インタビューから生じた認識は、「言葉より、ほかの人と同じな認識を持つのは、社会と結ぶには、もっと重

要かも知れない。ひとはじぶんと同じな人と一緒にいるとき、帰属感が持って、さびしくないね」ということであった（下記の下線部を参照）。

> 二人と話をしていた間に、ずっとさびしい感じをしました。（中略）Ａさんは、（中略）帰りたいじゃないかな。Ｂさんは、帰りたいというきもちが強いけど、なかなか決めなくて、悩んでいます。（中略）<u>かえることがこんなに重要なのは、やはり帰属感がとても重要じゃないかな。</u>（中略）かんがえてみると、もの（何でもいい）をわかるとき、少なく安心できる。わからないとき、いらいらしてる。つまり、帰属感が少なくても、人を安心させるじゃないかな。
> どうやって、帰属感が生み出せるか？ Ａさんは、自分の息子がもう日本化になるといったとき、さびしい顔をしました。息子は、日本で育てたから、認識が日本式で、自然的に日本社会に帰属感が持つようになる。ＡさんとＢさんは日本語が上手だけど、認識がまだ中国式で、帰属感がない。こういう視点で見れば、<u>言葉より、ほかの人と同じな認識を持つのは、社会と結ぶには、もっと重要だかも知れない。ひとはじぶんと同じな人と一緒にいるとき、帰属感が持って、さびしくないね。</u>　　　　　　　（ＡグループＢＢＳ６月８日）

［インタビューの内容を自分の文化知識と統合］

　ＡＣ１の意見に対して、ＡＪ２*は「その「同じ認識」ってどうやって生まれるの」と問いかけ、同時に自分もＡグループを例に新たな「Ａグループの行動規範」についての気づきを得た。すなわち、「私達は、時間をかけて、たくさん話をして、認識を見せ合って、自分を調整したりして、同じ背景を創り上げてきたから」という意見である。

> 悶々の中で、同じ認識があると言えるでしょうか。もし、言えるなら、なぜ、同じ認識があるのかな。<u>私達は、時間をかけて、たくさん話をして、認識を見せ合</u>

［個人の文化知識の共有で共通文化ができる］

> って、自分を調整したりして、同じ背景を創り上げて
> きたからかなあ。　　　　　（AグループBBS 6月8日）

　AJ2*の以上のコメントから、AC1は、「遠慮なく自分の意見をはっきり言う」という新たな「行動規範」についての文化的気づきを得た。

> うちのグループにつながっていると思います。でも、
> （その理由について：筆者注）考えって見ると、それは、<u>私たち、遠慮なく、自分の意見をはっきりいうからじゃないかな</u>。　　　　　　（AグループBBS 6月8日）

グループの行動規範

　以上の意見交換に対して、TAのAK1*は、AJ2*とAE1の2人の意見をリンクさせ、共通点として「努力」というキーワードをAC1に伝えた。

> <u>帰属感を味わうまで、AJ2*さんのいう「努力」が必要だと思っています。AE1さんのインタビュー相手の場合も「努力」があって手に入れた人間関係だったと、私は感じました。</u>　　　（AグループBBS 6月15日）

メンバーの意見をリンク

　6月16日の「考えるための日本語」クラスにおいて、教師は「インタビュー内容をどのように捉えているのかを明確にし、それを「新聞」のメインにもってくるように」とアドバイスした（AグループBBS 6月16日）。AJ1*は「もっと書き手の顔が見える記事を書いてみませんか？」と提案した（AグループBBS 6月23日）。以上の経緯を経てAC1は、先に述べた他のメンバーからの助言に応えた形で、6月27日に自分の記事を完成し、BBSにアップロードした。

> 同じ認識が帰属感を生まれるために、とても必要だとしたら、同じ認識を持たない場合は、どうすればいいか。(1) <u>努力して、他の人と同じ認識を持つようにする？ それとも、他の人の認識を無視して、自分の世界にとじこむ？ 私は、大学三年の時、Internshipで、半年</u>

グループの意見と個人経験を統合

第4章　活動型教育における多文化グループワークのプロセスの解析

57

ぐらいシンガポールに住んでいた。とても辛かった。当時、中国には、インターネットがまったくはやっていないで、コンピュータを持つ人も少なかった。シンガポールでは、仕事は全部英語で、コンピュータを使うのは日常茶飯だし、会社に入ったとき、いろいろ間違いをやって、同じグループの人に迷惑をかけた。文化や知識やちがうから、よく、同僚たちの対話に乗れなくて、仕事以外の交流もうまくいかなかった。時々、自分が無視される、ばかだと思われる感じがした。(2) ほかのひとにみとめられるために、いろいろ勉強して、みんなの興味の持つことについて調べて、だんだんグループに入れるようになった。きもちは、まえより楽しかったけど、さびしさがなくなることがない。(3) 表面的に、つながっているみたいだけど、ほんとは、つながっていない感じがした。今で、なぜそう感じたかと考えると、みんなの付き合った私は、同じ知識を持つ私、違う知識を持つ私を、どこかで隠さなければならなかったからだ。隠すのはやはり圧力をかけて、気持ちがよくなれないね。じゃ、すべて出せば、どうかな。かならず、結べる？ そのとき、やってなかったから、わからないけど、(4) ここ数年の経験と悶々グループの作業を見れば、なんとなく、見える感じがします。卒業してから、ずっと外国人と一緒に働いて、ひとつ学んだことは、みんな大体同じだから、遠慮なく、全部出したほうが、自分も楽、向こうも安心だということである。黙ったりとか、裏につぶやいたりとか、何も解決できない。(5) 出すのは、問題を解決の第一歩である。Aグループメンバーたちは、社会と個人の結びについて、自分なりの考えがある。(中略)この作業で、一番重要なのも、出すことだと感じる。したがって、同じな認識を持つかどうかより、出すほうが社会とつなぐためにもっと肝心だと言える

> 集団レベルの文化的気づき

> 新たな集団レベルの文化的気づき

かも。簡単にいえば、(6) 個人は出すことによって、他の人と理解し合って、つながって、自分の居場所をわかって、感心（安心：筆者注）して、生活ができる。(7) 私の研究テーマは中国の大学の国際化に関している。（中略）国際（国際化：筆者注）の目的がとても複雑で、こう簡単に語られないですが、形は大体同じで、出すことも同じ重要だと思う。これから、どうやって出すか、居場所はどこかについて考えたいと思う。

研究課題との統合

(悶々新聞[6])

BBSでのやりとりとAC1の記事から分析すると、AC1の考えの変遷がよくわかる（図4-3参照）。TAのAK1*から他のメンバーたちの主張している「努力」というポイントを提示されたので、AC1は、この新しい刺激から大学時代のシンガポールでの体験を思い出した。そして、個人と社会を結ぶためには、確かに「努力」が必要だと他のメンバーの意見と統合させた（AグループBBS 6月15日）。AC1は「努力で社会と結べる」というグループで共有された「集団レベルの文化的気づき」を得た。

しかし、シンガポールの経験では「表面的に、つながっているみたいだけど、ほんとは、つながっていない感じがした。（中略）どこかで隠さ

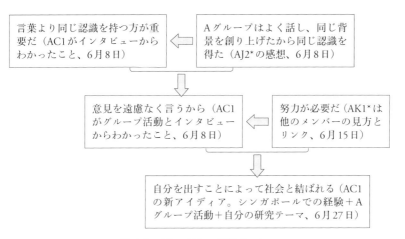

図4-3　AC1の考えの変遷プロセス

なければならなかったからだ」(AC1記事の下線部（3）参照）。そこで、AC1はインタビューした結果とAグループの活動の経験を「統合」した。AC1は、在日中国人ビジネスマンへのインタビューからわかったように、言葉より同じ認識を持つ方が重要だということに気づき、最初の記事を書いた（AグループBBS 6月8日）。これは、インタビュー対象との「対話」から文化的気づきを得て、同時に自分の体験と「統合」してできた「個人レベルの文化的気づき」であった。AJ2*から「グループ活動の経験からみんなで背景を創り上げたから、共通の認識ができたのか」と一歩踏み込んだ問いを受けて、AC1はグループ活動のことを振り返り「みんな意見をはっきりいうから、認識ができた」と、AJ2*の意見を自分の体験ともう一歩「統合」して、新たな「個人レベルの文化的気づき」が生まれた（AC1の記事の下線部（4）（5）参照）。さらにAC1は、今までの気づきを自分の研究テーマと「統合」した[7]。

　6月27日の結論に辿り着くまでには、AC1の長い「内省」のプロセスが見える。つまり、自分の意見を他者からの助言や自分の経験と統合して考え続けた。6月26日のBBSに、AC1は以下のような書き込みを残した。

やはり自分はこの悶々の社会に所属して、離れるとみなに迷惑をかけるという仲間意識があると思います。<u>私はこの社会に必要なものだ。私もこの社会が必要だ。つまり、人に頼り、人を助けの感じがなんとなく感じますね。</u>	集団レベルの文化的気づき
私のインタビュー対象は、常に、中国に帰ると思うのは、やはり日本の社会に帰属感がなくて、日本人と仲間意識を持ってないでしょ。仲間意識は、どこからうまれるだろう。私は、正直に言って、<u>一緒に作業をやってる日本人と仲間意識があるけど、日本人全体と仲間意識がないとおもう。中国に戻りたいのは、日本は私が必要ではない、自分の国が私が必要だという感じ</u>がするからだ。やはり、<u>AE1のいうように、質の高いつながりと質の低いつながりのわけかな。</u>	グループ活動から個人レベルの文化的気づき
AJ2*さんの記事を読んで、<u>AJ2*さんは社会全体の視点	他のメンバーの意見とリンク

> から個人と社会結ぶ形を語っているような感じがします。私のは、個人の視点から語りたいと思う。だから、つながっていると思うよ。（AグループBBS 6月26日）

　この書き込みからわかるように、AC1はAグループメンバーとの仲間意識からインタビュー対象を考え直し、AE1の「質の高いつながり・質の低いつながり」の見方、およびAJ2*の記事とリンクさせて考えていた。6月8日の最初のバージョンから6月27日の最終バージョンの記事ができるまでの、AC1の「内省」の軌道が見えてくる。その軌道は、グループ活動とインタビューから得たことを統合し、また、そこから気づいたことを自分の今までの人生体験に当てはめて統合してから内省し、最終的な見方に辿り着いたという道筋だと考えられる。

　Aグループのもう一つの協働作業は、グループ新聞の社説の作成である。グループの意見として、メンバーの視点をリンクさせて一つの文章にまとめたので、それはグループワークの成果である（図4-4参照）。図4-4からわかるように、6月30日の授業の時間を利用して、Aグループのメンバーたちは、各自意見を出し合い、その共通の意見を社説の最初の段落にしてから、数人のメンバーの協働作業によって全体を完成させた。

　6月30日の授業にAJ3が欠席した。そこで「彼が担当していたキーワードが「ことば」「日本語」であったため、授業後に皆で話し合って作成した社説を読み返してみたら、「ことば」に関する記述がすっぽり抜けていたことに気付いて驚いた。（中略）一人が欠けると、一人が欠けたなりのものになってしまうのだと実感した」（AJ1* 6月30日観察誌）。AJ3が授業の翌日（7月1日）に社説の冒頭の部分「個人が社会とつながる方法の前に、個人が社会とつながりたい欲望」、および「「つながり」の様々な次元の存在」、「「つながり」における言葉の重要性」の三つの視点を書き加え、そして、「今気付いたけど「責任」「認知」がない」と問題を発見した（AグループBBS 7月1日）。

　「バトンタッチされた」AJ2*は、「共通認識」を「自分と他者の違いを認識し、また共通部分をも認識すること」と定義し、「お互いを認知し、影響しあう存在として、また、自分を明確化するためのリソースとして、必要とし、必要とされる」と書き加えた（AグループBBS 7月2日）。「責任」

と「認知」はグループのキーワードであり、AJ2*はグループ活動の共通認識を社説にまとめたので、これはAグループの「集団レベルの文化的気づき」になる。

　AJ2*は、BBSで以下の問題に気づいた（下記の下線部を参照）。メンバーをつなげている「言葉」は「不確かで流動的」なもので、「個人と社会を結ぶ」というクラステーマのような「抽象度の高い言葉がわかりにくい」という「集団レベルの言語的気づき」になった。そして、グループの意見交換のやりとりで「言葉でつながっている」という「集団レベルの文化気づき」を得た。

「お互い必要な存在となる」＝「助け、助けられている」のところが、やっぱり少し足りない気がするのと、あと、「ことば」は、不確かで流動的であるというところが、もう少し説明が必要かなあと思います。	足りないところ
んーーー。悶々で私たちがつながってる媒介としての「ことば」っていうのは、、、なんだろう、テーマが抽象的だから、やっぱり、最初の一言だけだと、お互い何言ってるか、よく分かんなかったよねえ？	集団レベルの言語的気づき
留学生、日本人、関係なく、「私、○○だと思う！」という発言があって、「えー、それってどういうこと？？」みたいなやりとりが、たくさんあって、「あ、なるほどねー」に行き着く感じだった気がするんだけど。。。どういう「ことば」で、つながっているんだろうね。正確なことば、、、っていうか、、、適切なことばっていうか、、、いや、もしかしたら、話し手じゃなくて聞き手の問題かな。。。。ごめん、分からなくなった！再び、バトンタッチ！。　（AグループBBS 7月2日）	集団レベルの文化的気づき

　AJ2*は、個人と社会をつなぐ「ことば」はどんな言葉なのか分析できなかった。それに応えて、AK1*は「AJ2*さんの意見から考えたことをま

とめて」社説に書き加えた（Aグループ BBS 7月4日、図4-4参照）。言葉の伝達の「ずれを常に認識し、インターアクションを通して埋めていくことから、発信者と受信者間の共通認識がうまれ、他者とのつながりが形成されると考える」とは、AK1*のまとめたAJ2*の意見であり、グループ活動から得た共通意見でもある。つまり、コミュニケーションのツールとしての「言語」がグループのメンバーをつないだという気づきは、「集団レベルの文化的気づき」になる。

　新聞作成の段階でファシリテーターは、BBSを通じて考えを開示するように促した。Aグループの7月2日のBBSでまとめてあったように、「留学生、日本人、関係なく、「私、○○だと思う！」という発言があって、「えー、それってどういうこと？？」みたいなやりとりが、たくさんあって、「あ、なるほどねー」に行き着く感じだった」。ファシリテーターたちは、各メンバーの記事に助言したり、コメントを出したりして、メンバーたちが考えの深まるような「場づくり」を行った（Aグループ BBS 5月27日～7月1日）。教師がこの段階で「私は、この問題をどう捉えるか」と問いかけたのは、学習者の考えるきっかけとなった（Aグループ BBS 6月17日）。

　以下が、最終的な「社説」本文と、その作成過程である。

本文	説明
人間は社会とつながらずして生きていけない生き物である。「孤独」、それは人間にとって最も辛い状態であろう。私たち各個人は何らかの形で社会とつながるための活動をしながら生きている。	AJ3が加筆した文化的気づき（7月1日）
個人（自分）と社会（他者）がつながるためには、まず自分から意思を他者に向けて発信することが必要である。それを受信した他者は、影響されて、今度は発信者になる。このような発信と受信は、同時多発的に発生している。そしてそれを繰り返すことで、自分と他者の間に共通認識が生まれる。	集団レベルの文化的気づき（6月30日）
共通認識とは、共通意見ではなく、自分と他者の違いを認識し、また共通部分をも認識することである。そのような共通認識によって、我々は他者とつながることになる。このようにしてつながっていく過程で、私と他者は、お互いを認知し、影響しあう存在として、また、自分を明確化するためのリソースとして、必要とし、必要とされる。	AJ2*が加筆した文化的気づき（7月2日）

また、「つながり」には「個人と個人」、「社会と社会」など様々な次元、ステージが存在する。その中には言葉を用いないプライマリーなつながりも存在するが、多くのつながりは言葉を潤滑油として成り立っている。つまり、言葉はそれ自体が流動的なもので不確かなものでありながらも、個人と社会とつなぐために極めて重要な役割を果たしているのである。

> AJ3が加筆した文化的気づき(7月1日)

しかし、言葉そのものが流動的で不確かなものであることを言葉を使う我々はどれほど自覚しているのだろうか。むしろ、同じ言語で話しているだけで私たちはなんとなく「通じ合う」と思ってしまいがちではないだろうか。自分からの発信が自分の意図とは違って相手に伝わる可能性があること、自分の理解が相手の意図からずれているかもしれないこと、これらのずれを常に認識し、インターアクションを通して埋めていくことから、発信者と受信者間の共通認識がうまれ、他者とのつながりが形成されると考える。

> AK1*がAJ2*の意見を統合して加筆したグループの文化的気づき(7月4日)

つまり、言葉という流動的で不確かなものを用いて、相互誤解から相互理解へ、さらに相互信頼の関係を獲得するプロセスとして、個人と社会はつながっているのである。

> AJ1*が加筆した文化的気づき(7月7日)

図4-4 『悶々新聞』の「社説」の作成プロセス

　Aグループの「新聞作成」段階のグループワークは図4-5で表される。学習者は教室を出て外の人にインタビューするという「対話」を行い、得られた気づきを内面化し、自分の体験に当てはめた（図4-5参照）。この「内省」のプロセスを経て自分の考えがより明確になり、言葉に「表現」し、記事に書いてBBSで「共有」した。そして、グループのファシリテーターと他のメンバーからコメントが寄せられた。このグループ内の「対話」は新たな「内省」を促進させた。つまり、「統合」、「内省」、「表現」、「共有」の循環の協働によって、各自担当の紙面を完成させた。この段階のファシリテーターの「仕掛け」は主に、メンバーの記事にコメントし、意見交換と「内省」の「場づくり」を行うことであった。また、教師の問いかけは新聞の完成のための良い「介入」になった。

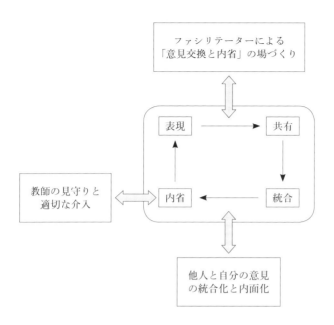

図4-5 Aグループの協働「新聞作成」段階の活動

4.1.4 Aグループのグループワークのまとめ

Aグループは、「個人と社会を結ぶ」というクラスのテーマについて、新聞の編集・発行の形でグループ活動を行ってきた。成果物として『悶々新聞』2010年7月7日号「「個人と社会を結ぶ」特集」ができた。各メンバーの担当紙面とグループの共通意見としてまとめられた社説からなっている（図4-6参照）。本4.1の冒頭で取り上げた「言語文化がいかに習得されたのか」、「学習者はいかに相互作用したのか」、「ファシリテーターと教師はどのような役割を果たしたか」という三つの質問は、Aグループのグループワークの以下の三段階で考察した。

①動機づけ：「自分のテーマ」を見出す。学習者は各個人の「個人の文化」に基づき、テーマについての理解を「表現」し、「共有」の場による文化的背景およびグループ内の役割に対する認識の向上を達成した。自分が属している文化から、「個人と社会を結ぶ」というテーマに関する暗

黙的な知識を言語化し、グループディスカッションの場で共有することで、他のメンバーの異なる意見を聞いてさらに自分の暗黙的な文化に気づき、そして、自分の考えを明確にし、変化させることができた。このようなプロセスで言語文化が習得された。学習者の相互作用には「表現する」、「共有する」がよく見られた。ファシリテーターは考えるきっかけを作ったりして良いディスカッションができるように場づくりを実践していた。教師は「見守り」と「なぜその人にインタビューするのか」という問いかけによって学習者に考えるポイントを与えた。

図4-6 『悶々新聞』

　②活動：インタビュー。学習者はクラスのテーマと自分の専門や他者との対話を統合することで考えが深まった。さらに、「クラス」、「グループ」、「個人」の三者の関係を動態的に捉えた。すなわち、「クラス」と「グループ」、「グループ」と「個人」という二つの組をそれぞれ「社会」と「個」として捉えたAグループは、グループ活動を通して「個人と社会を結ぶ」というクラスのテーマを実践する形で学習している。この段階における学習者の相互作用は自分の文化を「表現する」グループで「共有する」上で、自分の専攻と他者の意見を「統合する」ことがよく見られた。ファシリテーターは授業後もグループディスカッションが続くように、他のメンバーに活発に発言するように仕掛けた。教師からは「何をもって成長していると判断するか」という問いかけがあった。Aグループはそれに応じて「自己更新力」という言葉を創って、それを自己評価と他者評価の基準にした。

　③まとめ：新聞作成。学習者はインタビューを通じてわかった内容と、自分の体験や専攻、グループの他者の考えを統合して内省して新聞記事の内容になるような新たな気づきが生まれた。グループディスカッションとBBSでのやりとりによる「表現」、「共有」、「統合」、「内省」の循環の協働によって、各自担当の紙面および社説を完成させた。「表

現」、「共有」、「統合」、「内省」の循環は言語文化の習得プロセスになる。メンバー間の相互作用は意見の交換および新たな意見の構築プロセスにある。ファシリテーターの「仕掛け」は主に、メンバーの記事にコメントし、意見交換と「内省」の「場づくり」を行うことであった。教師の問いかけは新聞の完成のための良い「介入」になった。

　Aグループの活動においては、2人の実習生はファシリテーターとして、グループディスカッションの場づくりを仕掛ける役を果たしていた。そして、場面によって実習生以外のメンバーが自然にファシリテーションをとって活躍していた。特にAC1のような「遠慮なく発言してくれるメンバーの存在は貴重」であり、「コースナビ上での積極的な働きかけが私たちメンバーに向けられてきたことは」十分に対話ができるグループが形成されるのに「大きな要因」だとAJ1*はまとめている（AJ1*観察誌6月30日）。グループ活動のプロセスには、「表現→共有→統合→内省」の繰り返しが見られた。この「表現→共有→統合→内省」の循環によって、メンバーの言語的・文化的知識が変容されていった。

　Aグループは多国籍かつ多文化という特徴がある。異なる文化の持ち主であるメンバーたちが活動を行っていく中で、グループなりのやり方を作り出していった。メンバーたちの獲得した集団レベルの文化的知識には、一つ共通点があった。それは、表4-1のようにまとめることができる。すなわち、メンバーの間の暗黙知を共有しながら行動規範を作ることである。グループに共通している行動規範は「自分の考えを開示する」ことであった。この行動規範によって、グループワークが進行し、各メンバーの持っている異なる文化との交流を「体験」し、文化的気づきを獲得したのである。

　さらに、この多文化グループワークを通じて、Aグループにはグルー

表4-1　Aグループの行動規範：自分の考えを開示すること

メンバー	気づいた集団レベルの文化的知識
AJ1*	シェアによって考えが深まる
AJ2*	自分を開示することで他人とつながれる
AC1	考えを出すことによって人間関係ができる
AJ3	主体的な行動意識が重要である

プなりの「世界観」も生まれた。それは、クラスのテーマである「個人と社会を結ぶ」ということへの答えになる。Aグループは、「学期を通して、先生はほとんど私たちに介入しなかったので、結果、私たちはよく道に迷い、議論に行き詰った。しかし、(中略)<u>一人ひとり別々のことを考えながらも、それを見せ合い、議論を交わすことにより、「このグループのメンバーである私」というアイデンティティを確立していたと思われる。これは、まさに、私が、「Aグループ」という社会とつながった証であると考える」</u>(AJ2*期末レポート)。よって、Aグループの世界観のキーワードは「対話」と「つながり」であると言える。

4.2 Bグループのグループワークの分析

Bグループの活動は、動機づけ（グループ活動の形式を見出す）→活動（インタビュー）→まとめ（雑誌作成）という流れで行われていた。本章では「動機づけ：グループ活動の方針と形式を見出す」、「活動：インタビューおよび雑誌の構成・評価方法の確定」と「まとめ：雑誌作成」という三つの段階で、「言語的・文化的知識がいかに変容したのか」、「学習者はいかに相互作用したのか」、そして「ファシリテーターと教師はどのような役割を果たしたか」について明らかにする。

4.2.1 グループ活動の方針と形式を見出す：「表現」・「共有」の場による文化的背景の衝突から

4月14日の初回授業から4月28日の第3回授業の間に、Bグループのメンバーは、意見を出し合い「個人と社会を結ぶ」について各自のキーワードを見出そうとしたが、個々人の体験に基づいた考えが衝突し、グループ共通のキーワードが見つからなかった。しかし、意見を交換していくうちにグループの連帯感が生まれた。そして、「雑誌」という形でグループ活動を進めるという共通意見となった。この期間を「グループ活動の方針と形式を見出す」段階とする。Bグループの特徴の一つは、人間関係が良いことであった。BC1*は4月14日の観察誌に「5人の個人経験はそれぞれ違うので、とても新鮮に聞こえ、互いに興味を持っているように見えた」と記した。下記の記述に見られるように、Bグループの

メンバー5人が、共通の話題をグループで「共有」し、まず各自特有の「個人の文化」を「表現」し、「共有」した。しかし、個人の文化に基づいた意見の「表現」は思ったほど容易ではなかった。

> (1) <u>グループメンバーの5人はまず「異文化体験」から話が弾んでいた。そして、「自分とその異文化の社会をつなぐものはなんだったか」という問題について話し合った。</u>今の段階では、日本人学生2人はもちろん、留学生3人も自分の意思を伝える程度の日本語力はあるように見えた。(2)<u>「個人と社会を結ぶ」とは当たり前のように話していたが、理解しよう、説明しようとすると、自分のぼんやりした考えを引き出し、また「ことば」にして伝えるのが非常に難しかった。</u>
> (BC1*観察誌4月14日)

個人の文化知識を言語に転換

個人の文化を「表現」することが難しいうえに、クラスのテーマである「個人と社会を結ぶ」という抽象的なテーマについて、他のメンバーを説得してグループとして統一した意見を見つけることができなかった。グループのディスカッションは一時沈黙に陥ったこともあった。

> 今回は(「沈黙」を:筆者注)グループ全体で5秒以上(5秒も含む)音声がないことにしている。<u>2回目のグループディスカッションには沈黙が全部で17回あった。最短の沈黙が6秒で、最長の沈黙が22秒続いた。</u>
> (BC1*観察誌4月21日)

この苦しい沈黙を経て、問題の解決に向けて5人のメンバーはグループのメーリングリスト[8]で意見交換を続けた。4月21日のメーリングリストでBC2が教室を出て様々な人にインタビューを行うという提案をし、グループ活動を新しい方向に導いた(BJ1*4月21日観察誌)。このように、Bグループにおいては、異なるメンバーがファシリテーターの役割をとる様子が見られた。

第4章 活動型教育における多文化グループワークのプロセスの解析

(4月21日)その後グループ内MLで意見交換を図るうちに、「私たちは個人と社会という言葉の定義ばかり考えているのではないか？」「曖昧な議論を続けるより、グループ内での社会の位置づけを定め、そこから様々な人にインタビューを行い、個人と社会を結ぶものについての各自のストーリーを聞いてみてはどうか」という指摘がメンバー内からなされた。確かに、私たちは無意識のうちに答え(のようなもの)を追い求めていたのかもしれない。しかし「個人」と「社会」の概念に対する捉え方、「結び方」に対する認識は人それぞれ異なるものである。ここまで思考の堂々巡りを繰り返し、ようやくたどり着いた我々の課題は「「結び方」の答えを出すことではなく、グループの外への調査を通じてその多様な答えを聞き出し、改めて考え直すこと」であった。　　　　　　(BJ1*観察誌4月21日)

> 個人の意見は共有でグループの意見となった

「BC2さんのメールからメンバーの考え方が変わったようで、最初に「社会と個人」の定義を決めずにインタビューによってその定義を見出していこうという方向で話し合いが終始進みました」(Bグループ BBS 4月29日)。

　Bグループは、テーマの追求より教室外でのインタビューを通じて「多様な答えを聞き出し、改めて考え直す」という方針をとった。そして4月29日のグループディスカッションで「雑誌」にまとめることになった。

> だいぶグループとしての方向性も見えてきた気がします。各自がインタビューを行い、その結果を何か(雑誌?)にまとめる、ということで、とりあえずはそのインタビューで何を聞くべきか、ですね。
>
> 　　　　　　(Bグループ BBS 4月29日)

　実習生のBJ1*は、自然な態度でファシリテーションを行っていた。グループワークの最初の段階で、実習生BJ1*の「各自に話題を振り、議論

の方向性を指し示し、話しやすい雰囲気づくりを心がけていた」という主体的なファシリテーションによって、Bグループは最初から穏やかな人間関係を作ることができた。

> 参加者の中にはまだ緊張感のようなものもあり、私は自然と、<u>各自に話題を振り、議論の方向性を指し示し、話しやすい雰囲気づくりを心がけていた</u>。この活動におけるファシリテーターの役割を無意識のうちに担おうと思っていたのである。
> (BJ1*観察誌4月14日)

<small>ファシリテーターのやり方</small>

この段階において、教師はクラスを見守るだけでほとんど干渉しなかった。ところが4月28日の授業で、AグループとBグループが活動としてインタビューしようということについて話し合っているところに、教師は「なぜその人にインタビューをするのか」と問いかけた。教師のこの介入は考えるヒントとなり、グループ活動の動機づけに対して大きな役割を果たした。

> ここで、<u>その前に細川先生からご指摘を頂いた「何故その人にインタビューを行うか、行いたいのか」という点について。私が「社会人」「フリーター」といった人にインタビューを行いたいと考えた理由は、もちろん「自分の周囲にイチバン多いから」という理由もあるのですが、何よりその2つの立場が「社会」という点において対極的なものだと感じたからです。</u>
> (中略) また、フィッシュボウル[9]中に細川先生からの「なぜその人に聞くか？ なぜ聞きたいのか？」との言葉は、これからの活動の動機付けとしてかなり大きな役割を果たしてくれるはずです。
> (Bグループ BBS 4月29日)

4月28日、クラスの情報共有の際に、グループ活動の動機づけについて報告された。すなわち、「個人と社会を結ぶ」人をグループで定義し、

第4章 活動型教育における多文化グループワークのプロセスの解析

その定義に基づいてインタビューをすることになった。BグループのフィッシュボウルについてCグループのCJ1*は以下の通りにまとめた。

> 議論の初めのころは、個人と社会を結んでいる人として「社会的に成功している人にインタビューする」という話になっていたと思います。でも途中から「必ずしも社会的に地位の高い人ではなくてもいい、自分が魅力的に思う人や人生を楽しんでいる人を選んでインタビューしよう」という気づきがあったのはとてもいいと思いました。いろいろな人にインタビューすることで、多角的に「個人と社会を結ぶ」ことについて知ることができそうです。 　　　（Cグループ BBS 5月8日）

議論による意見の構築

　この段階の活動を図4-7で表すことができる。ファシリテーターは、試行錯誤しながら話しやすい雰囲気づくりを心がけていく。その結果、Bグループは最初から穏やかな人間関係ができた。ディスカッションの流れの中では、別のメンバーがファシリテーションをとったこともあった。Bグループにおいて、ファシリテーションはダイナミックに捉えられていた。また、教師の「見守り」と適切な介入によって大事なポイントを指摘され、考えるきっかけとなった。メンバーは個人の経験に基づいた個人レベルの文化を表現し、グループで共有した。しかし、経験の共有のみであれば楽しいだけで終わるが、個人の経験を抽象化することがいかに難しいかに気づいた。そこで、グループ活動の動機について、メンバーたちは「対話」した。まず「個人と社会を結ぶ」人を定義し、その後グループやクラスを出て様々な人にインタビューすることになった。その「対話」からグループの共通した見識をまとめ、表現するということになった。この段階では、メンバーのセルフ・ナレッジの文化が言語化され、社会化される様子が見られた。

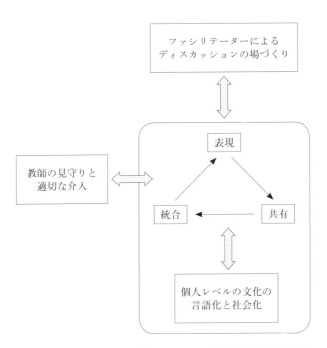

図4-7　Bグループの協働「自分のテーマを見出す」段階の活動

4.2.2　インタビューおよび雑誌の構成・評価方法の確定：「共有」と「統合」による意見の統合化

　この段階では、グループメンバーは各自のインタビューからわかったことをグループで「共有」し、「対話」して意見を統合することによって、雑誌の構成および評価方法が確定された。インタビューは各自行ったので、この「対話」は主にグループディスカッションにおけるものである。

　5月12日の授業までに3人のメンバーがゴールデンウィークを利用して以下のようなインタビューを済ませた。またその他の2人のメンバーは授業後の時間を利用してインタビューを行った。さらに、グループの集団インタビューも計画した。

　　どんな社会にも属していないと思うフリーターや日本

という社会に染み込み、自分なりの地位で頑張っている在日中国人の方々、また韓国出身の元OL留学生にインタビューを行いましたね。
それ以外にも誰もが知っている有名な方々やまだ社会ということ自体に興味を持っていない女子高校生などにもインタビューを行ってみたいという意見がありました。
(中略) 別にグループとしてのインタビューも行う予定なのでますます楽しみですね。(Bグループ BBS 5月18日)

インタビューを終えたメンバーはメーリングリストやBBSでその感想を「共有」した。同時に、インタビューの録音を書き起こし、雑誌の記事作成に取り組むことになった。インタビューから「想定外の答え」を得たので、それをまずメーリングリストとBBSを通じて「共有」した。BJ1*は、インタビューでの回答にびっくりしたと記した（Bグループ BBS 5月10日）。

> そして、実際インタビューのようなものを行ってみての感想ですが……まずは「想定外の答えが多い」ということ！　いや、びっくりしました。我々の話し合いではまったく出てこなかった意見がたくさん出てきましたが……
> (Bグループ BBS 5月10日)

| インタビューから新たな文化知識を獲得 |

Bグループのディスカッションは、活動が進むにつれて効率が良くなっていった。グループの「活動の流れ」を確認し、自分のグループ活動の「評価方法」およびそれに基づく雑誌の構成を決めた。Bグループの「活動の流れ」について、グループディスカッションで確認した結果は、以下の通りであった。

> 「個人と社会を結ぶ」というテーマの下、我々のグループは「各自興味を持った個人へのインタビュー」「グループ全体での個人インタビュー」という二つの活動を

行う。(中略)そこで私たちはその社会との関わりを各個人のライフストーリーから考えてみたい、という理由からである。そのインタビューを各自がまとめ、持ち寄り、最終的には一つの「雑誌」として皆さんと共有する。
(BグループBBS 5月22日)

　Bグループでは、意見の統合は穏やかな雰囲気のもとで行われた。意見の統合はクラスの「創造的な活動」になる。それは、各メンバーのインタビューから気づいた暗黙的文化的知識が、他人と共有できる「明示的言語的知識」に転換されるからである。BC1*は6月9日の観察誌に授業の録音の一部を引用し、次のような分析を記した。

BK1 ：友達も会社で仕事しないと社会に属していないよって。仕事しなくても属してるじゃないか。
BJ1* ：どこに属してるの。
BC1* ：何らかの集団に属してるじゃないか。

> 議論による意見の構築

BJ1* ：だけど、それってなに？と言ったら、無職のグループってそういうのあるのと聞いたら、ないよと言われて。
BC1* ：パチンコすれば、同じパチンコする友達がいれば、集団になるし、パチンコで遊んでて人の利益になるかなって。
BJ1* ：そうそうそう。良く分からないけどさ、結局そういう利益が回ることが、個人と社会を結ぶようなことだから。
BC2 ：でも、ニートは社会と結んでいないと思っていないですけど。
(沈黙)
BC1* ：わかった。社会に属していないというよりは、違う社会に属しているということです。会社で働いていない人は社会に属していないより

> 違う社会に属している

	は会社という社会に属していないということですよ。ママさんは昼の社会に属していないけど、夜の社会に属してる。	
BJ2	：まあ、<u>社会の定義をいろいろ見つけるならば、社会には属する形になりますね。</u>	社会の定義次第だ
BJ1*	：と思うよ。	
BC1*	：見方によれば、たぶん属してる、属していないとどちらでも言える。	
BJ1*	：そうでしょう。だから。たぶん属してるよ、どこかには。言ってしまえば。だけど、<u>別に実体というか、ないね。</u>	社会の実体がない
BJ2	：本人がそこに属してる意識があるかどうか、まず問題があると思いますけど。だから、どこかしらに属してるといってもたぶん他人からだとするし、どっちかというと社会じゃなくて、<u>そういう枠組みを決めるのは何というか、分類してる感じかな、今聞いて思ったんですけど。</u>だから、昼と夜の仕事、分類しちゃってる感じがあって。	社会は分類している
BJ1*	：そうそうそうそう。	
BC1*	：<u>分類というか、違う集団で違う社会のように見えるんだけど。</u>	違う集団で違う社会に見える
BJ1*	：それはBC1*さんが見てる訳でしょう、結局だから。	
BC1*	：あのう、<u>私は見てるよりは本人が意識してるかどうかの問題ですね。属していないと意識していても、たぶん属してる？</u> だってニートさんのお友達はBJ1*さんの友達ですし、属していないと思いますか、やっぱり属してるでしょう、どこかに。	意識と関わる

（中略）6月9日のBグループのディスカッションでは、

何らかの知見ができたと言えないが、みんなの考えは確かに少しずつ変化してきた。メンバーたちは他人に突っ込まれたり刺激されたりすると、「ひらめき」というものが出てくると思われる。それで、ふっと考えが深まったり、今まで気づいていなかったことに気づいたりして、その「相乗効果」がパワフル。それで、グループワークは教室内の創造活動を支えるものだと考えている。　　　　　　　　　　（BC1*観察誌6月9日）

　クラスでは、細川教授の提案によって、グループワークの評価方法がディスカッションのトピックとなった。Bグループでは、「思考過程」も評価の対象となるように、雑誌の中にアンケートのようなページを用意したり、雑誌の冒頭部分に「はじめに」、最後に「編集後記」のようなコラムを設けたり、またBBSを活用し考えをシェアするという方法を考えついた（BグループBBS 5月27日）。

今日は評価方法について話し合いましたが、うちのグループは最終的に雑誌の形で仕上がるので、いかにクラスのみなさんにこの雑誌をよく読んでもらうかがポイントになります。<u>よって、記事の内容、雑誌のデザインなどいろいろアイディアを出し合いました。そして、クラスのみなさんに雑誌を読んだ後の感想を聞くという評価方法を用いるつもりなので、雑誌の中にアンケートのようなページを用意する考えも出ました。</u>（中略）<u>この意見に対して、雑誌の冒頭部分に「はじめに」、最後に「編集後記」のようなコラムを設けて</u>、うちのグループの最初から最後までの活動を紹介して、プロセスが可視化できるのではないかという対策を立てましたが、細川先生のご意見によると、この授業活動の最後ではなく、進んでいる途中でもほかのグループに見せられるほうがいいそうです。その解決案としては、<u>コースナビの活用</u>が考えられますが、これ以外

議論による意見の構築

の方法を思いついていなかったようです。

(Bグループ BBS 5月27日)

　「実践研究11」クラスでは、実習生と教師が「思考過程の共有」方法についてディスカッションし、その結果としてBBSを活用して「思考の可視化」を図ろうということになった（「実践研究11」5月26日授業録音）。BBSで「思考の可視化」という呼びかけを行い、BBSでの「対話」は授業中のディスカッション以外の意見交換の場になった。Bグループのディスカッションの結果から見ると、BBSは大変重要な役割を果たしていた。BC1*は5月26日の観察誌に以下のようにまとめた。

> ほかのグループと協働の架け橋になること。フィッシュボールや授業中の公開発表以外の手段としてあげられる。（中略）他グループの活動を参照しながら、自分のを調整したりして、また全体的には一つの共通目標に向かって行動している。（中略）教師は陰ながら「考える」クラスを動かしていると考えられる。
> 考えることを続けること。「考える」ことが大変な作業だと思う。意識的に考えようとしない限りは、ぼんやりと過ごしてしまうことが多いから。観察誌とコースナビは「考える」きっかけを提供してくれる存在だ。（中略）
> 「気づき」を獲得すること。（中略）「振り返り」によって、大事なヒントを見逃さないように気づきを得ることも多かったように思う。観察誌やBBSはまさに振り返りの絶好のチャンスとなる。（BC1*観察誌5月26日）

> BBSは議論の場となった

　BJ1*は、ファシリテーターとして良い議論を行うために必要な聞き方は「他者の価値を認め、常に議論の中で対等であろうとする姿勢」であると主張した。しかし、BJ1*はファシリテーターとして自分の役割を「議論を動かす役目」と捉えていたので、グループ内の議論を事実上コントロールしてしまい、メンバーの自由な発言を奪ってしまったこともあった。

> 今までの私は、自分の役割を「議論を動かす役目」と捉え、問いかけをするにも話題を提供するにも全てその立場を通して行っていた。それこそがメンバー内の自由な発言を奪ってしまう行為ではなかったのか、と猛省している。
> 　　　　　　　　　　　　　　（BJ1*観察誌5月12日）

[ファシリテーターの反省]

　とはいえ、Bグループは反発など激しい議論はなく、穏やかな雰囲気のもとでグループ活動が行われていた。グループメンバーはそれぞれ「ファシリテーター役」、「まとめ役」、「話題提供役」、「提案役」、「潤滑油役」を果たしているとBC1*は5月12日の観察誌にまとめた。しかも、メンバーの役割は静止的なものではなく、動態的に変化している。

> 誰かを何か役に決めつけるのは主観的なものに過ぎず、また静止的な視点にとどまっているのではないかと思われる恐れがあるが、コミュニティはさまざまな役で成立され、だれも絶対不可欠な存在だと思う。（中略）そして、違う役を果たしているコミュニティのメンバーは常に成長しているから、その「役」ももちろん動態的に変化していると思う。
> 　　　　　　　　　　　　　　（BC1*観察誌5月12日）

　この段階の活動を図4-8で表すことができる。実習生たちは、毎週観察誌を共有してから、それについてディスカッションすることは、また新たな考えが生まれるきっかけとなるので、「教師は陰ながら「考える」クラスを動かしている」とBC1*が分析したように、学習者主体のクラスでは、教師は学習者を放任するのではなく、「見守り」と「介入」をしていた（BC1*5月26日観察誌）。ファシリテーターは、試行錯誤しながらグループで良い議論を行うために自己反省した。「Bグループの特徴は、メンバー間の人間関係ができていて、みんな穏やかな雰囲気のもとで活動を行っていた」。グループディスカッションでは、各メンバーがそれぞれ違う役割を果たしているが、その役割は動態的に変化していた。メンバーたちがインタビューからわかったことや気づいたことを自分の言

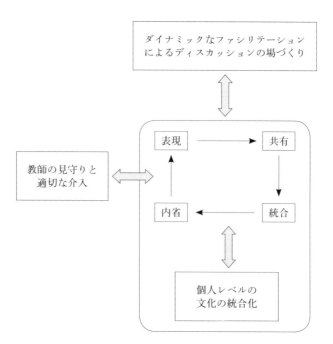

図4-8　Bグループの雑誌構成および評価方法の確定段階の活動

葉に「表現」し、「共有」し、グループディスカッションなどの「対話」を通じて「内省」して、新たな意見をまとめていった。

4.2.3　雑誌作成:「統合」と「内省」を中心とする考えの構築

6月16日から6月30日の間に、Bグループは各メンバーのインタビュー内容についてディスカッションし、雑誌の各自担当の記事および「はじめに」、「編集後記」を作成した。この段階では、BBSによる意見交換が活用された。特に、雑誌の記事がBBSにアップロードされてから、コメントのやりとりが活発になった。しかも、この段階では、他のグループからの指摘が大いに参考になった様子も見られた。この段階のグループディスカッション、BBSでの意見交換、および他のグループのメンバーとのやりとりなどは全部「対話」と見なすことができる。

雑誌の記事をまとめることは、同時に、「内省」し、自分の考えを整理

して他のメンバーに伝えることである。そして、BBSでのやりとりやグループディスカッションの「対話」を通して考えを構築するプロセスになる。BC2は、インタビューからわかったこととして、自分が以前抱いていた「社会についての考え」が見えるようになり、「個人と社会を結ぶ」というアイディアも得た。

<u>「社会」というと、「舞台」という言葉が頭の中に思い浮かぶ。</u>この舞台は会社、レストラン、観光地などの実物を背景とし、サラリーマン、学生、専業主婦など様々な登場人物がおり、更にこれらの人たちの間に利益関係、愛情、恨みなどの感情が編み込まれている。(中略)今回のインタビューする対象の其上さんは完全の「専業主婦」でもないし、完全のOLさんでもない。(中略)<u>彼女にとって「働く」がお金を稼ぐ手段より、ただ社会と結ぶツールの一つである。</u>	社会のイメージ
今回のインタビューを始める前に、「社会」という言葉に対して、実際に存在するようなしないようなあやふやな概念であった。今までの私は「社会」を意識したこともないし、むしろ「社会」より「個人」を常に意識しながら生活を送っていた。<u>私にとって「社会」は私の生きていくためのすべてのエネルギーが入っている蜂蜜缶のような存在で、必要な時にこの缶からエネルギーを汲み取ればいいのだと理解していた。しかし、これはただ一方的な需要関係であり、ただ「社会」から何かをもらいたいだけなのであった。</u>	インタビューからわかったこと
	自分の考え：個人は社会と一方的な需要関係
<u>今回のインタビューを終えて、其上さんの「働く」という言葉が私に深い影響を与えた。「個人」がただ一方的に「社会」に何かを得るのではなく、「社会」に何かを払わなければならないことは分かった。「働く」はその払う形の一種類である。「働き」あっての「収穫」であればこそ、「個人」と「社会」が初めてより良い関係になるのであろう。</u>　　(BグループBBS 6月21日)	インタビューと自分の考えを「統合」：個人と社会は相互作用の関係

雑誌の記事を修正し完成するために、メンバーたちのコメントのやりとりは非常に重要な役割を果たしていた。BJ1*の以下の書き込みからわかるように、他のメンバーからのコメントに「痛いところ突かれた」ので、その「痛さ」が「内省」をもたらすきっかけとなった。BJ1*は「そこに挙げられた思いもよらないキーワードが「利害関係」、「give and take」というものでした」という自分の意見に辿り着いた。このように、雑誌の記事についてのコメントのやりとりはグループ活動の新たな「対話」形式になり、またそれによって、メンバーたちが他人のコメントと自分の考えを統合し、内省し、最終的な見方に辿り着いた。

> コメントどうもありがとう。（チェック遅れてごめんなさい）なんか、痛いところ突かれたなあって感じです（笑）BC2さんの言うとおり、私は「ニート＝社会に属しない／社会という枠組みから外れた人」というイメージを持っていました。（中略）そして、友人へのインタビューで明らかになった彼にとっての社会とは、やはり「会社組織に属すること」というものでした。この点は私の予想通りと言っていいでしょうか。しかし、そこに挙げられた思いもよらないキーワードが「利害関係」「give and take」というものでした。
> 　　　　　　　　　　　　　　（BグループBBS 6月20日）

［メンバーのコメントは内省の契機であった］

　Bグループのこの段階の活動においては、他のグループのメンバーからのコメントによって考えが深まった様子も見られた。以下、BK1の記事を例にして説明する。BK1は個人と社会は「言葉でコミュニケーション」することによって結ばれていると考えていたが、在日韓国人留学生にインタビューをしてから、個人と社会は共生、ある意味ではgive and takeの関係にあるという見方に変わった。

> 最初、私は言葉、コミュニケーション等々が社会と個人を繋ぐものではないかと漠然と思いました。（中略）でも彼女との対談でその考えが変わり始めました。言

［インタビューする前の考え］

82

> 葉は個人と個人を繋げる一つの手段として大事なのは事実ですがそれより人間と社会の関係は共生でお互いに欠かせない関係であり、基本的に仕事をしてあろう、しないであろう関係なく現代社会では両側がいなければならない存在で助け合っているという考えに同感しました。
> 例としてワニとワニ鳥の話をしてくれましたがワニとワニ鳥の関係のように個人は社会で自分の役割を果たして情趣感を得て頑張れる関係で社会はそれに相当する地位や立場、利益関係ができ、両方とも欠かせない関係に成り立ちます。ある意味ではgive & takeの関係とも言えます。時にはお互い、刺激になって助け合いながら成長する友達のようで時には社会という家庭が個人を守りながら後押しをしてくれる存在です。だからこそ共生というキーワードが重要だと思いました。
> (Bグループ BBS 6月21日)

| インタビューしてから、考えが変わった |
| 自分の考えとインタビューを統合：共生 |

　BK1の記事に対して、AグループのAK1*は「インタビューの前に「ぼんやり」と考えていたことを、インタビューを終えたところで、もう一度掘り下げて、シャネル[10]のほかの方のインタビュー内容も参考しつつ、考えてみるのはいかが」とコメントした。それに応えて、BK1は見方を再整理して、「個人と社会をつなぐものは言葉とコミュニケーション」だという見方が変わっていないことを「自覚」した。そして、個人と社会の共生関係を継続するために言葉とコミュニケーションはその手段になるという見方に最終的に辿り着いた。

> 私は個人と社会をつなぐものは言葉とコミュニケーションなどだと今も思っています。最初、グループのディスカッションでこの意見が受け入れなかったのでこれではないかもと思いましたが、インタビューを通して共生というキーワードが重要な分、共生関係を継続するために言葉とコミュニケーションというものは手

| 他人の質問で議論の再構築 |

<u>段として重要ではないかと思いました。ただ言葉とい"うのが表に見える手段ではなくコミュニケーションに溶け込みながらも何気なく個人と社会を繋いでくれるのではないかと思います。</u>　　（Bグループ BBS 6月22日）

　この段階では、前節においてAグループの最後の段階で論じたように、細川教授より「わたしはこの問題[11]をどう捉えるのか」という自分自身の観点を考える必要があるというコメントがあった。このコメントも雑誌の記事を修正していく際の指針となった（Bグループ BBS 6月17日）。Bグループは他の二つのグループと比べると仲間意識が最も強かった。その仲間意識から、ファシリテーターが自然発生する現象が見られた。特に雑誌編集の最後の段階では、ファシリテーターがBC2に変わった。BC2は自ら最後の編集作業を引き受け、「編集要項をみんなに指示したり、他人の原稿のミスを直したり、表紙、背表紙、「はじめに」などの色合わせや模様設計などしたりして、かなり本気に取り組んでいるように見えた」（BC1*6月30日観察誌）。このファシリテーションの仕事で、「今までの活動を振り返ってみると、いつもより輝いている」ように見えた。BC2はファシリテーターの役割を果たすことで、グループワークのやりがいをより強く感じ、モチベーションが高くなった。これこそ「学習者主体」であると考えられる。

30日の授業から今まで新たに気づいたのは、雑誌作業という「共通活動」を通じて、<u>表面的な穏やかな人間関係を維持することから、すでに「頼り合う仲間意識」へと発展させてきたことだ</u>。メンバーのBJ2くんが自ら表紙を設計し、BK1さんが雑誌の「ヘッダー」を作り、<u>BC2さんが全員のファイルの編集作業をすると自分から申し込んだ</u>。編集はパソコン作業のことが多いため、結果的にメンバーたちの腕披露となった。編集に関するグループのやりとりは主にメールで行われているが、<u>BC2さんは編集要項をみんなに指示したり、他人の原稿のミスを直したり、表紙、背表紙、「はじめ</u>	ファシリテーターの自然発生
	ファシリテーターになり、モチベーションが高まった

に」などの色合わせや模様設計などしたりして、かなり本気に取り組んでいるように見えた。特にBC2さんのことだが、今までの活動を振り返ってみると、いつもより輝いていると思う。　　（BC1*観察誌6月30日）

　Bグループの「雑誌作成」段階のグループワークは、図4-9で表すことができる。教室を出て外の人にインタビューし、そこで得た気づきを内省し、自分の体験に当てはめた。この「内省」のプロセスを経て自分の考えがより明確になり、言葉に「表現」し、記事に書いてBBSで「共有」した。そして、グループのメンバーや他のグループからコメントが寄せられた。コメントのやりとりは一種の「対話」となり、また新たな「内省」を促進させた。つまり、「統合」、「内省」、「表現」、「共有」の循環の協働によって、自分の新たな見方に辿り着き、雑誌の記事を完成させた。この段階において、異なるメンバーがファシリテーターの役割を果た

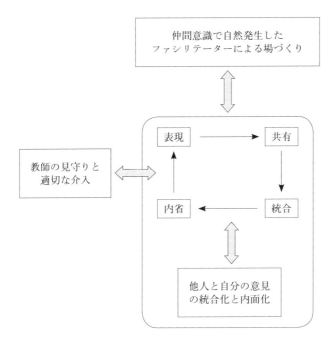

図4-9　Bグループの「雑誌作成」段階の活動

し、意見交換と「内省」の「場づくり」、そして、雑誌作成のリーダーシップを取った。教師の問いかけは記事の完成にとって良い「介入」になった。

4.2.4 Bグループのグループワークのまとめ

Bグループは、「個人と社会を結ぶ」というクラスのテーマについて、雑誌の編集・発行の形でグループ活動を行ってきた。まず、メンバーの「個人の文化」に基づき、テーマについての理解を「表現」し、「共有」の場でグループ活動の方針と形式を見出した。次に、メンバーの「共有・対話」によって、雑誌構成および評価方法について意見の「統合」がなされた。そして、グループディスカッションとBBSでのやりとりによる「統合」と「内省」を中心として考えの構築が進み、雑誌の作成を達成した。成果物として雑誌『CHANEL』が生まれた（図4-10参照）。『CHANEL』は以下の五つのユニットから構成させている。ユニット①フリーターとの対談―「無自覚な私」の意識化；ユニット②大手会社OL＆常に美を意識している大学院生：「共鳴」―個人と社会を結ばれる；ユニット③元銀座のホステス：存在する場所によって変動する定義！「お金」と「好きな気持ち」が喜ぶもの！？；ユニット④主婦とOLの矛盾総合体：社会は舞台―働きあっての収穫；ユニット⑤韓国の友達：ワニとワニ鳥の共生。そして、各ユニットには以下の内容が含まれている。インタビュー内容、インタビューを通じて感じ取ったこと：「インタビューを終えて」、他のメンバーからのコメント、およびそのコメントに対するフィードバック：「終わりに」。本4.2の冒頭で取り上げた「言語的・文化的知識がいかに変容したのか」、「学習者はいかに相互作用したのか」、「ファシリテーターと教師はどのような役割を果たしたか」という三つの質問は、Bグループのグループワークの以下の三段階で考察した。

図4-10 『CHANEL』

①動機づけ：グループ活動の方針と形式を見出す。まず各自特有の「個人の文化」を「表現」し、「共有」したことでグループの連帯感が生まれた。そして「個人と社会を結んでいる」人を特定してインタビューすることになったが、社会と結んでいる人の定義について互いの意見を「統合」してグループの共通認識を構築した。つまり、「表現する」「共有する」「統合する」ことを通じて言語文化の習得が行われた。Ｂグループのメンバーは場合によってファシリテーションがダイナミックに捉えられ、グループ活動が促進された。ファシリテーターになったメンバーは話しやすい雰囲気をつくったり教室を出てインタビューすると提案したりしていた。教師は「なぜその人にインタビューするのか」と問いかけたことで「社会と結んでいる人」の定義について考えが深まった。

　②活動：インタビューおよび雑誌の構成・評価方法の確定。Ｂグループのメンバーは想定外の答えの多いインタビュー結果を言葉に表現し、メーリングリストとBBSを通じてグループで共有して、他者の意見を統合して新たな意見を構築した。グループ活動の「表現→共有→統合→内省」するプロセスは同時にメンバーの言語文化習得のプロセスになった。Ｂグループはクラスで特に穏やかな人間関係ができていて、グループメンバーはそれぞれ「ファシリテーター役」、「まとめ役」、「話題提供役」、「提案役」、「潤滑油役」とダイナミックに役割を果たしていた。「議論を動かす役目」と自覚を持っていたファシリテーターはメンバーの自由な発言を奪ったのではとは反省していたが、結果的にスムーズにグループ活動を促進した。思考の過程を可視化すると提唱した教師は「陰ながらクラスを動かしている」と見られた。

　③まとめ：雑誌の作成。Ｂグループのメンバーは教室を出てインタビューし、そこで得た気づきを内省し、自分の考えがより明確になり、言葉に「表現」し、記事に書いてBBSで「共有」した。そして、他者から寄せられたコメントはまた新たな「内省」を促進させた。つまり、「統合」、「内省」、「表現」、「共有」の循環の協働によって、自分の新たな見方に辿り着き、雑誌の記事を完成させた。Ｂグループは他の二つのグループと比べると仲間意識が最も強かった。その仲間意識からファシリテ

ーターが自然発生した。「わたしはこの問題をどう捉えるのか」と教師からのコメントで学習者の内省を促進した。

　Bグループのグループ活動のプロセスを分析すると、グループ活動のプロセスには、「表現→共有→統合→内省」の繰り返しが見られた。この「表現→共有→統合→内省」の循環によって、メンバーの言語・文化知識が変容していった。グループ活動においては、場面によって違うメンバーがファシリテーターの役割を果たし、グループディスカッションの場づくりを仕掛ける役を果たしたり、雑誌作成のリーダーシップを取ったりしていた。

　「Bグループはどちらかというと、自分の意見をずばりと出すより激しい議論を避けるような穏やかな人間関係ができている」（BC1*観察誌6月30日）とあるように、Bグループはクラスで人間関係が最も良いグループであった。常に合意を求める穏やかな人間関係ができていたが、その反面、他のグループから議論が活発ではないと指摘された（BグループBBS 5月8日）。MAXQDA[12]のコーディングの結果からわかるように、Bグループは他の二つのグループと比べると、以下の特徴があった。1）頼りあう人間関係ができている。2）激しい議論よりは合意を求める。3）メンバーの役割は活動の流れによって変わる。Bグループの活動は他のグループと異なる行動規範を形成していた。Bグループの行動規範は、頼りあう人間関係のもとで、ファシリテーターが自然発生し、異なるメンバーによってファシリテーターの役割と責任が果たされるという点にあった。

　そして、多文化グループワークを通じて、Bグループにはグループなりの「世界観」も生まれた。それは、クラスのタイトルでもある「個人と社会を結ぶ」というテーマへの答えになっている。「個人は社会で自分の役割を果たして達成感を得て頑張れる関係で社会はそれに相当する地位や立場、利益関係ができ、両方とも欠かせない関係に成り立ちます。ある意味では<u>この共生関係は、Give & Takeの関係とも言えます</u>[13]」（BグループBBS 6月21日）。グループの意見をまとめた雑誌『シャネル』によると、「個人と社会を結ぶ」の答えのキーワードは「Give & Take、共生、帰属感」である。

4.3 Cグループのグループワークの分析

Cグループの活動は、動機づけ（グループのキーワードを見出す）→活動（劇をする）→まとめ（レポート集作成）という流れで行われていた。本節では「劇をする前の動機づけ」、「劇およびそのまとめ」という二つの段階で、「グループワークがいかに行われていたのか」、「学習者はいかに相互作用したのか」、そして「ファシリテーターと教師はどのような役割を果たしたのか」の3点を明らかにする。

4.3.1 グループのキーワードを見出す：「表現」・「共有」・「統合」の場における異文化に根付く共通認識の統合

前章3.2.3ですでに述べたように、Cグループが「劇」という形で「個人と社会を結ぶ」というクラスのテーマを表現するのは、「メンバーの中に数名、演劇部出身者や劇を使って相手に訴えるという活動をしたことがある人がいるというのがその発端である」（CJ1*観察誌4月28日）。4月14日の第1回授業から6月2日の第7回授業の間に、Cグループのメンバーは、各自意見を出し合うグループワークの結果、「個人と社会を結ぶ」というテーマに対してグループとしてのキーワードを見出した。そして、各メンバーの体験に基づいて考えついたキーワードを踏まえ、劇のシナリオを作成した。この期間を「動機づけ」段階とする。

4月14日と21日の2回のグループディスカッションを通じて、「個人と社会を結ぶ」というクラスのテーマに対して、グループで合意の取れた意見は「個人は社会のなかで一人では生きられない、他者とのつながりが必要である。柔軟性と包容性そして相互関係を受け入れることでそのつながりは濃くなり、社会はより豊かになる」ということであった。

出た意見に対して相互に意見交換して一つの共通点・大きなテーマを見つけ出せました。それは<u>「個人は社会のなかで一人では生きられない、他者とのつながりが必要である。柔軟性と包容性そして相互関係を受け入れることでそのつながりは濃くなり、社会はより豊</u>	個人文化を表現し、共有によるグループキーワードの形成

かになる」ということでした。
ディスカッション中には「柔軟性」という言葉は妥協のような受け身の印象を受けるという指摘も出され、それに対しては「相互関係」という言葉を付け足すことにしました。

(4月21日グループ活動の報告；CC1*観察誌4月21日)

　グループ協働の場で、異なる「個人の文化」の持ち主の意見からグループの共通意見を統合する過程には、「認め合う」、「衝突する」、「認め合う」の繰り返しが見えた。CJ1*の4月14日の観察誌によると、1回目のグループディスカッションは、初対面であるものの、意見の「表現」と「共有」はうまくいった。違う経験に基づいた意見の交換は、「「私」の考えを相手に発し、相手の様々な考えを受け止め、さらに「私」の考えを豊かにしていく」。

> 1回目は一見するとまるで意見がバラバラでまとまりのない話し合いのようだったが、改めて振り返った時、確かにそれぞれのメンバーの中に「私と考えが違うけれどもそのような考え方もあるのだな」と他者を受け入れようとする段階が見られた。この段階は「私」の考えを相手に発し、相手の様々な考えを受け止め、さらに「私」の考えを豊かにしていく活動の中の一つの重要なステップではないだろうか。私達のグループは前回、以下のような流れで活動を行った。それぞれにとっての「個人と社会を結ぶ」ことについての考えを自由にシェアする。それぞれの考えについて意見を述べ合う。　　　　　　　(CJ1*観察誌4月14日)

[衝突による文化の共有]

　4月21日の2回目の授業の時、Cグループは「他者の考えや価値観を認め合う段階」であった。Cグループはこの時点で互いに異なる意見を認め合って、「グループとしての今後の方向性を見つけだすことができた」(CJ1*観察誌4月21日)。

今回はメンバー多数の意見により、この時間内に「対話活動へのおおまかな方向づけ」を決定することを目標とした。結果として目標を据えることで<u>グループとしての今後の方向性を見つけ出すことができた</u>。それに至るまでは前回同様、議論の中で自分とは違う「相手の意見を聞き認め合う」段階があった。またメンバー間が打ち解けてきたためか、またゲシュタルトという名前決めの効果か、今回は前回よりも全員が自分の言いたいことを<u>遠慮なく言うことができていた</u>。ただし前回と同様、<u>多くの学生が「グループとして共通の見解を得なければならない」という暗黙の縛りを持ち、終盤に意見を何が何でもまとめようとしたところがあった</u>。今回は「全員、もともと別の人間。全員が全く同じように思わなくても良い。緩やかな統合があればいい」ということで決着した。

(CJ1*観察誌4月21日)

　シナリオを作成するために、CJ1*はグループメンバーにキーワードである「柔軟性」、「包容性」、「相互関係」についての事例を考えてくるように指示した。「もうすこし一人ひとりの心の中の「モヤモヤ」を出してみたら、グループとして表現したいことが明確になってくるかもしれない」と考えていたからである（CグループBBS5月8日）。それは、異なる文化の持ち主としてのメンバーにそれぞれの暗黙的文化的知識を明示的知識に転換させようという意図であった。

　前述したAグループおよびBグループと比べると、Cグループの特徴は個性を大事にする傾向があることで、穏やかな雰囲気で議論を避けるより、意見をしっかりと持って反論することがあった。グループの共通意見として劇をすることになったものの、「もう少し個々人の「なぜ劇がいいのか」「劇をすることの意味」「劇ではないことをする可能性」などについて意見をぶつけ合うことも必要だ」と思ったメンバーもいた（CJ1*観察誌4月28日）。そこで、5月12日の授業で、「なぜ劇がいいのか、動機についてもっと考えよう」という「考えるミニグループ」（CJ1*、

CC1*、CJ2）と、「劇の活動案を検討しよう」という「演劇ミニグループ」（CC2、CK1、CK2）に分かれて議論をした（CグループBBS 5月8日～18日）。そのことに対して、CJ1*は次のように認識していた。

> <u>私達のグループのメンバーはどちらかというと「相手に迎合する」タイプの人たちではない</u>。これまでのディスカッションでは意見が対立してディスカッションが進まなくなるほどのぶつかりあいはなかったのだが、今回はグループとして行う活動の形態、その意義について意見の相違があり、対立が起こってしまった。（中略）<u>本当に相手を理解したい、相手と真の関係を築きたいと思うのならこの対立は避けることができない過程の一つかもしれない。なぜなら相手と本音で語り合おうと思えば思うほど、相手との違いを臆せず自分の意見を主張する必要が生じるからだ。</u>
> 　　　　　　　　　　　　　　（CJ1*観察誌5月12日）

　CJ1*はまずグループメンバーの性格として、「相手に迎合する」タイプの人たちではないと認識した。そして、ファシリテーターとしてのCJ1*は、グループディスカッションで発生した対立をプラス志向で捉えた。「本当に相手を理解したい、相手と真の関係を築きたいと思うのならこの対立は避けることができない過程の一つかもしれない。なぜなら相手と本音で語り合おうと思えば思うほど、相手との違いを臆せず自分の意見を主張する必要が生じるから」（CJ1*観察誌5月12日）。

　5月12日の分裂を経て、「考えるミニグループ」は動機文を書いて、教室外の人にインタビューし、その結果を「演劇ミニグループ」の作成したシナリオに入れることで「合意」を達成した（CJ1* BBS 5月21日）。そして、5月12日の分裂を経てから「互いの歩み寄りが見られた」とCJ1*は観察して感じ、「相手」と「自分」の考え方の違いを認めた上で多少近づきあえた」（CJ1*観察誌5月19日）。ファシリテーターとしてのCJ1*は、グループをまとめていく上で、次のことに気づいた。

> グループで同意のもとに一つの活動をする際には、自分と違う他者の存在を認めるということが不可欠である。その上で自分の意見も主張し、相手との妥協点を見出しながらグループとしてまとまっていく。そう考えてみると、グループ内で一度ぶつかり合う段階があることはある意味自然な段階なのかもしれない。しかし毎回の活動で「個々の違いをお互いに認め合った上で他のメンバーと協働しながら活動を活性化し、さらにメンバーそれぞれが成長していく」ということは簡単なことではないと痛感している。
>
> （CJ1*観察誌5月19日）

「相手に迎合する人たちではない」と認識し、真の関係を築くには対立は避けられないとCJ1*は考えていた。このように、グループディスカ

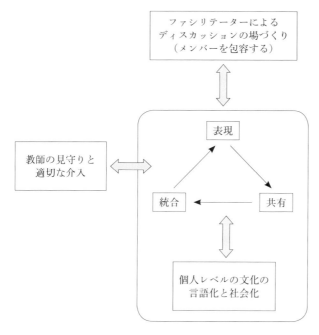

図4-11 Cグループの動機づけ段階の活動

ッションで起きた対立や、グループ活動の分裂について終始プラスに捉えたことには大変意義があったと考えられる。ファシリテーターの役割は、まさにグループのキーワードである「包容性」と「柔軟性」にあった。教師は、Cグループの活動を見守っていて、あまり介入することはなかった。この段階の活動は図4-11になる（図4-11参照）。

4.3.2　劇およびそのまとめ：「表現」、「共有」による意見の「統合化」

6月9日、Cグループはキーワードを踏まえて教室で劇を披露した。その後クラスの他の二つのグループと教師を対象にアンケート調査を実施した。アンケート調査に基づいてグループ活動をまとめてレポート集にする予定であった。Cグループは劇をすることで「達成感」を感じた。

> 今回の授業でうちのグループは演劇の発表をした。<u>グループで今までの「成果」を皆の前で披露し、クラスから注目をもらって、何かが達成された「嬉しい」ような気持ちがした</u>。演劇発表の後、これからのスケジュールや最終レポートの内容・構成なども一応話し合った。今までの不安がなくなり、このまま進めば、多分うまく行く、とグループの皆が思っているだろう。<u>任務達成感というか、あることについてスケジュール通りに進めば解決できるような感じであり、よくわかる考えだと思う</u>。　　　　　（CC1*観察誌6月9日）

しかし、CJ1*の観察誌からは、劇の事前準備が十分ではなかったことがうかがえる。劇の当日、グループには「自然にリーダーシップをとるメンバー」がいた。

> 結局当日はそんな不安も吹き飛ばしてしまうほど、直前の短い準備時間を有効に使い、団結して動くことができた。その理由として、メール上では積極的に意見交換をしなかったメンバーが、実は各々地道に準備をしていた（たとえば劇中の自分の役割のセリフを練習し工夫

していた）ことがあげられる。また、劇を見せやすくするためにいろいろな工夫を考えて当日までに準備をしてくれたメンバーもいた。また劇については<u>自然にリーダーシップをとるメンバーがおり、安心して任せることができた</u>。劇とアンケート実施が終わったあとのメンバー一人ひとりの表情はやりとげたという気持ちが表れていた。結局はあまり先を心配しすぎることはなかったのだと思う。　　　　　　　（CJ1*観察誌6月9日）

	ファシリテーターの自然発生

　CJ1*は、ファシリテーターの役割について考え直した。「重要なのは、しかけること＝仕切ることではないということだ。それを私はこの活動で学んだ。一人ひとりを尊重し、各々が自発的に動けるような土壌を作ることが大切なのだ。」そして、「相手をよく見てそれぞれの特性や長所をつかみ、それを生かした活動ができるようにもっていくことだろう。また活動の流れをよく見てタイミング良く声かけをすることだろう」（CJ1*観察誌6月9日）。

相手から何かが出てくるのを待っているだけでは何も動き出さないようなグループの場合、誰かがやはりしかけることが必要だ。<u>ただし重要なのは、しかけること＝仕切ることではないということだ。それを私はこの活動で学んだ。一人ひとりを尊重し、各々が自発的に動けるような土壌を作ることが大切なのだ</u>。今回は実習生という立場なので、私ともう1人の実習生がしかけづくりをすることが多かったが、本来このしかけはメンバーの誰が作ってもいいのだと思う。
うまくしかけるためには何が必要か。<u>おそらく相手をよく見てそれぞれの特性や長所をつかみ、それを生かした活動ができるようにもっていくことだろう。また活動の流れをよく見てタイミング良く声かけをすることだろう</u>。翻って今回の自分の立場を見てみると、必ずしも上手にしかけられたとは言い難いかもしれな

	仕掛ける方法：場を作る
	仕掛ける方法：メンバーの良さを生かす

い。しかし不器用ながらもメンバーたちに何らかの働きかけができたのではないかと思っている。もう少しそれぞれのメンバーを信頼することができれば良かったが。　　　　　　　　　　　　　（CJ1*観察誌6月9日）

　Cグループのメンバーは、6月9日の授業が終わってから6月30日までを利用して、レポート集を作成した。授業中のディスカッションおよびBBSによるコメントのやりとりによって、メンバーたちは意見を統合し、内省して新たな気づきを得た。グループワーク中に葛藤の多かったCグループでは、いかに相手の意見を受け入れながら自己主張、または反対意見を言うことができるかが大変重要なポイントであった。グループワークを通じて、CC2は反対意見の言い方の4ステップをまとめた。<u>「①まず相手の意見に対して同意②多くの人がそうである③自分もそうであった④相手をほめてから」</u>（CC2期末レポート）。
　6月16日のグループディスカッションでは、メンバーの活動への取り組み方についてまた二つに分裂した。「劇とアンケート実施の結果を検討することで何かをしっかり摑み取り、次のステップへ生かそうとする積極的なメンバーがいる一方で、その一見面倒な作業をなるべく避けて、最後のまとめに入りたい消極的なメンバーの二つに分かれてしまった」が、CJ2の呼びかけでようやくまとまり、議論を行った（CJ1*6月16日観察誌）。最後の成果発表は、パワーポイントによる口頭発表をやめて、プリントを配布することになった。今までの活動を3つの段階に分け、各段階でテーマについて自分の考えがどのように変わってきたかを日記の形式で書こうという提案もあったが、キーワード探しから劇をやることに至った流れを紹介し、感想文を加える形になった。当日CC1*、CJ1*、CC2の3人で発表の担当をするという話もあった（CグループBBS6月30日）が、相互評価に時間がかかるため、結局レポート集をクラスで配布することにした。この段階において、学部生の1人がファシリテーターの役割を果たしたことがあった。

　<u>前回は積極的な学部生のメンバーが</u>、そうでないメンバーに「せっかく劇とアンケートを実施したのだか

ら、その結果をじっくりと見よう。そこから得られた反省点、劇では伝えられなかった私達の考えを最後のPPTの発表に生かそう。」と説得し、話し合いの場を持つことができた。学部生のメンバーが積極的に活動に取り組み始めたことは大きな成果だと私は感じた。またこのメンバーは「シャネルの活動報告を聞いて、他のグループも頑張っていることがわかった。」とも言っていた。他のグループの活動はBBSで見られるとしても、やはり口頭で内容を聞くのとではだいぶ違う。私自身も他のグループの具体的な取り組みを聞くことで今後の活動への刺激になったことは確かである。時々、このようにクラス全体で各々のグループ活動をシェアする機会はとても良いと思った。これも活動活性化の一つの「しかけ」になっていた。

(CJ1*観察誌6月16日)

> ファシリテーターの自然発生

　Cグループの実習生CC1*は学部生CC2を観察した。そして、CC2が振り返りや再ディスカッションに納得していないことに気づいた。個人の意見の構築は「統合」と「内省」によるが、その前提は「共有」することである。「グループ活動ではやはりシェアする空間づくりが大事だ。そして、ファシリテーターの役割といえば、グループの方向を自分で導くのではなく、グループメンバーの意見を引き出すことによって、グループ空間をシェアする空間へとつくり上げることではないか」とCC1*が考えるように、ファシリテーターの役割の一つである「シェアする空間をつくる」ことについて観察誌に記されていた（CJ1*観察誌6月30日）。

グループの6人の中で、実習者は2人で（今までの活動の振り返りをしようと思っている2人）、完全な参加者は4人だ。私から見れば、4人の中で、CJ2さんとCK1さんは振返りのことにほぼ賛成で、CK2さんは中立のような感じで、CC2さんは無理やりに賛成した感じだ。つまり、CC2さんは賛成させられた。「今までの活動を

振返り、自分の考えをまとめ、一緒に検討しよう」と「積極的」に活動を押し進めようとしている私たちとは違って、CC2さんは「これからの役割分担をして、レポートを書こう」に注目してそれなりの提案も出してみたが、自分以外のメンバーはほとんど「振返り」の案に賛成したので、<u>最後にCC2さんは「いいですよ。何でもいいですよ」と言ってなかなかやる気が出てこなかったようだ。多分CC2さんは「振返りとか再びディスカッションする必要があるかな」と疑問を持っている</u>（私の推測だが）。　　（CC1*観察誌6月23日）

　Cグループの「劇およびそのまとめ」段階のグループワークは、図4-12で示す通りである。メンバーは教室で劇を行い、他のグループのメンバーや教師を対象に実施したアンケート調査から得た気づきを内省

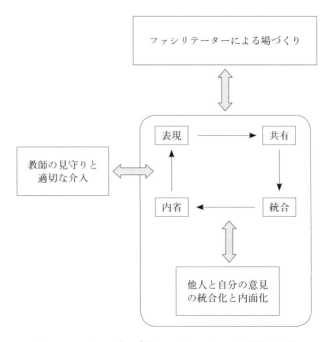

図4-12　Cグループの「劇およびそのまとめ」段階の活動

し、自分の体験に当てはめた。この「内省」のプロセスを経て自分の考えがより明確になり、言葉に「表現」し、記事に書いてBBSで「共有」した。そして、グループのメンバーからコメントが寄せられた。このコメントのやりとりは一種の「対話」となり、また新たな「内省」を促進させた。つまり、「統合」、「内省」、「表現」、「共有」の循環の協働によって、自分の新たな見方に辿り着き、レポート集を完成させた。この段階では、異なるメンバーがファシリテーターになり、ディスカッションの場づくりをした。教師の「わたしはどう捉えるか」という問いかけはレポート集の完成に良い「介入」となった。

4.3.3 Cグループのグループワークのまとめ

Cグループは、「個人と社会を結ぶ」というクラスのテーマについて、劇を演じた上でレポート集をまとめる形でグループ活動を行った（図4-13を参照）。本4.3の冒頭で取り上げた「グループワークがいかに行われていたのか」、「学習者はいかに相互作用したのか」、「ファシリテーターと教師はどのような役割を果たしたのか」という三つの質問はCグループの以下の2段階で考察した。

図4-13　Cグループのレポート集

①動機づけ：キーワードを見出す。Cグループは他の二つのグループと同じように、まず個人レベルの文化的知識を言葉で表現して、テーマについての理解を「表現」、「共有」および「統合」の場による異文化に根付く共通認識と統合し、グループのキーワードを見出した。また他の二つのグループと異なり、Cグループの顕著な特徴はグループ協働の場で他者の意見からグループの共通意見を統合する過程には「認め合う→衝突する→認め合う」の繰り返しが見られたことが挙げられる。メンバーの「個人の文化」に基づき、Cグループのメンバーはグループの衝突、分裂を通じて、他者の様々な考えを受け止め、自分の考えを豊かにしていった。つまり、衝突から言語文化の習得ができた。メンバーの学び合いは「認め合う→衝突する→認め合う」のプロセスに表れていた。この段階において、ファシリテーターはシナリオを作成するためにキーワー

ドである「柔軟性」、「包容性」、「相互関係」についての事例を考えてくると指示を出したり、グループが分裂したときに妥協点を見出しながらグループをまとめたりしていた。さらに、「相手との違いを臆せずに自分の意見を主張する必要が生じる」(CJ1*5月12日観察誌)とグループ活動で発生した対立、衝突や分裂をプラス思考に捉えた。Cグループはグループ活動のキーワードである「柔軟性」、「包容性」、「相互関係」を実践していた。そして、教師はCグループの活動を介入することはなく、始終見守っていた。

　②活動とまとめ:劇を演じた後レポート集にまとめる。グループのキーワードに基づき、劇のシナリオを作成し、劇を演じるという「表現」、「共有」による意見の「統合化」がなされた。Cグループのメンバーは教室で劇を行い、他のグループのメンバーや教師を対象にアンケート調査を実施した。そしてアンケート調査の結果に基づいて、Cグループのメンバーは授業中の議論およびBBSによるコメントのやりとりによって、他者の意見と自分の体験を統合させ、内省することを経て自分の考えが更新された。新たになった意見をさらに表現してレポートに書いてグループで共有した。共有された意見に対してまたコメントが寄せられ、新たな内省を促した。このように、「表現・共有・統合・内省」のプロセスでメンバーは言語文化の習得を行った。グループ活動の対立、衝突、分裂を含めたすべての相互作用は言語文化の習得になった。この段階において、実習生だけではなく、異なるメンバーがファシリテーターになった。そして教師の「わたしはこの問題をどう捉えるのか」という問いかけはレポート作成において考えが深まるきっかけとなった。

　Cグループのグループ活動のプロセスを分析すると、グループ活動のプロセスには、「表現→共有→統合→内省」の繰り返しがあった。この「表現→共有→統合→内省」のスパイラルによって、メンバーの言語的・文化的知識が変容してきた。ここでは、クラス内での協働が大変重要な役割を果たしていた。Cグループのメンバーは、グループ活動の中で対立や分裂を繰り返しつつ、活動を最後までやり遂げた。2人の実習生がファシリテーターとしてグループディスカッションの場づくりを仕掛ける役を果たしていたが、場面によって他のメンバーがファシリテーターとなり、リーダーシップを発揮する様子も見られた。グループワークに

おける人間関係の重要性およびメンバー間の包容性が不可欠なものだとわかった。

表4-2 Cグループの行動規範：反対意見を受け入れながら自己主張する

CJ1*	他者を受け入れようとするようになった 自分の意見の裏付けとなる説明をできるようになった ぶつかり合いは無駄ではない 真の関係を築くのには対立は避けられない
CJ2	コミュニケーションにおけるベーシックなものがわかった
CK1	異なる意見を受け入れることと自己主張することのバランスを取ること
CC2	反対意見は相手を肯定してから伝える

　Cグループはグループメンバーが個性的で、コミュニケーションのやり方がかみ合わず、グループが分裂したことがあった。グループディスカッションを進める中で、メンバーたちは、反対意見を受け入れつつ自己主張はできるという活動の「ルール」に少しずつ気づいていった。このルールも当然、メンバーの意見伝達の仕方に影響を及ぼしている。Cグループの行動規範は、表4-2で表すように「他者を受け入れよう」とし、「反対意見は相手を肯定してから伝える」など「コミュニケーションのベーシックなもの」から考え直し、「異なる意見を受け入れることと自己主張することのバランスを取ること」が大事であった。簡単にまとめると、Cグループの行動規範は「反対意見を受け入れながら自己主張する」ことである。

　多文化グループワークを通じて、Cグループにはグループなりの「世界観」が生まれた。それは、クラスのタイトルでもある「個人と社会を結ぶ」ということの答えになる。Cグループの考えでは、「個人と社会を結ぶ」には、「柔軟性、包容性、相互理解」が不可欠である。「ゲシュタルトは演劇を通してキーワードの3つである「柔軟性」「包容性」「相互理解」をコミュニケーションの齟齬という形で伝えようとした。これらの3つのキーワードはいずれにしろ「受容」という点に重点を置いている「ゲシュタルトの活動について」によると、柔軟性は自分の意志も入ったものであるとして発信を前提にしているが、個人と社会が結ばれるためには「柔軟な受容」がバイタルな要素なのであろう」[14](AJ3期末レポート)。

4.4 本章のまとめ

本章では「考えるための日本語」クラスにおける三つのグループのグループワークを個別に分析し、各グループの活動の経過をまとめた。Aグループは、①動機づけ（自分のテーマを見出す）、②活動（インタビュー）、③まとめ（新聞作成）の流れで活動した。Bグループは、①動機づけ（グループ活動の形式を見出す）、②活動（インタビュー）、③まとめ（雑誌作成）の流れで活動した。Cグループは、①動機づけ（グループキーワードを見出す）、②活動（劇をする）、③まとめ（レポート集作成）の流れで活動した。

この三つのグループのグループワークには、いくつかの共通点が見られる。表4-3で表すように、グループワークのプロセス、すなわち、「表現する」→「共有する」→「統合する」→「内省する」のスパイラルが共通するところであった。そして、ファシリテーターはどのグループワークにおいても実習生と他のメンバーを問わずに自然発生的であり、場面ごとに交代している様子がわかる。

表4-3 「考えるための日本語」クラスのグループワークのまとめ

グループ	活動の内容	プロセス	ファシリテーター		行動規範	世界観
Aグループ	インタビューし、新聞を作った	「表現する」→「共有する」→「統合する」→「内省する」のスパイラル	自然発生的、場面ごとに交代	AJ1* AJ2* AC1	自分の考えを開示する	対話とつながり
Bグループ	インタビューし、雑誌を作った			BJ1* BJ2 BC2	激しい議論より、頼りあう	Give & Take、共生、帰属感
Cグループ	劇を演じ、レポート集を作った			CJ1* CC1* CJ2	反対意見を受け入れながら自己主張する	柔軟性、包容性、相互理解

これら3グループのグループワークには、相違点もいくつか見られた。まず、三つのグループはそれぞれ違う形式で「個人と社会を結ぶ」というテーマをめぐって活動を行った。グループワークのプロセスにおいては、各グループがそれぞれの行動規範と世界観を形成している（表4-3参照）。Aグループでは自分の考えを開示することをグループの「ルール」とし、個人と社会を結ぶためには「対話とつながり」が大事だと考

えた。Bグループは穏やかな人間関係のもとで頼り合うことがグループの「ルール」になり、メンバーたちはグループワークの流れの中で「Give & Take、共生、帰属感」などが社会と結びつくキーワードであることに気づいた。Cグループは、個性派のメンバーが多いため何回か分裂したこともあった。その時は、それまでとは異なるメンバーがグループ活動の仕掛け役を果たし、グループワークを何とか最後までやり遂げた。葛藤とぶつかり合いのあったグループワークの中で、「反対意見を受け入れながら自己主張する」という「ルール」が生まれ、社会と結びつくために「柔軟性、包容性、相互理解」が必要だという世界観を見出した。

注 [1] 学生の引用原文に付している下線、番号およびコメントは筆者による。以下同様。
[2] 本研究において、「対話」は以下の2種類の形があると捉える。グループディスカッションやインタビューなど「直接対面しての対話」と、BBSや観察誌などの文字によるやりとりでの「バーチャルな対話」である。
[3] 「悶々」はAグループが自分たちのグループに付けた名称である。
[4] 「実践研究11」は、「考えるための日本語」に参加する実習生(大学院生)が「考えるための日本語」クラスを研究する教育実践科目であり、「考えるための日本語」クラスの時間のほかに、独自のクラス時間があり、毎週行われた。
[5] 「自己更新力」はAグループが創った言葉である。個人が「このクラスの活動を通じて、どれほど成長しているか」ということを指す(AグループBBS 5月27日)。
[6] 「悶々新聞」はAグループの成果物である。
[7] AC1の書き込み(6月27日)によると、自分の研究テーマとつないで説明することはこの授業を担当する細川先生からの助言でもあった。
[8] その時点で、クラスのBBSはまだ書き込み不可能だった。
[9] フィッシュボウルとは、グループ同士で相互に啓発しながら進行する技法の一つであり、互いに相手グループの活動の様子を観察し、観察の結果について相互にフィードバックすることである。金魚鉢の中の魚たちとそれを外から観察している人たちの姿からの連想で名付けられていると考えられる。
[10] 「シャネル」とはBグループが自分たちのグループに名付けた名前で

	ある。
[11]	「この問題」とは、クラス活動のテーマである「個人と社会を結ぶ」や、インタビュー対象者に対して質問した問題などを指している。つまり、インタビューの答えを単にまとめるだけでなく、自分の考えが見えるようにインタビューの結果を整理する必要があるというコメントだった。
[12]	MAXQDAは、テキストデータを質的に分析するソフトウェアである（www.maxqda.com参照）。本書では、すべての参加者のテキストデータをコーディングし、コードをまとめ、さらにカテゴライズした。
[13]	下線は筆者。
[14]	下線は筆者。

第5章 多文化グループワークにおける言語的知識と文化的知識の変容

　本研究では、早稲田大学大学院日本語教育研究科の活動型教育のデータを、質的データ分析用ソフトウェアMAXQDAを用いてグループごとに分析し、修正版グラウンデッド・セオリー・アプローチ（M-GTA）の手法で、各受講生のテキストデータをMAXQDAでオープンコーディングした。そして、コードから「言語伝達」、「行動規範」、「自己認識」「位置づけ」、「帰属感」などの概念を生成した。さらに、生成された概念は「個人レベルの言語的知識についての気づき」、「集団レベルの言語的知識についての気づき」、「個人レベルの文化的知識についての気づき」、「集団レベルの文化的知識についての気づき」という四つのカテゴリーに絞り込まれた。

　Neisser（1988）によると、セルフ・ナレッジは、直接認知される「対人関係の自己（the interpersonal self）」、記憶と予知に基づいている「拡張された自己（the extended self）」、「プライベートな自己（the private self）」、そして「自己概念（the conceptual self or self-concept）」の四つから成り立っている。本研究は、セルフ・ナレッジを「言語的知識と文化的知識のそれぞれの構成要素からなる自分についての知識」と捉える。

　本研究では、グループのメンバー全員について1人ずつ、そのプロフィールの概要を分析し、各人の言語的知識と文化的知識の変容、つまりセルフ・ナレッジの変容について考察した。これらの記述によって、セルフ・ナレッジの変容はどんな言語的・文化的知識の変容の形で具現されているかを明らかにした。本章では、紙幅を考慮して、興味深いセルフ・ナレッジの変容を見せた各グループのメンバー3名に絞って分析することとする。

5.1　Aグループメンバーの言語的知識と文化的知識の変容

1) AJ1*

　日本人実習生AJ1*は、明るい性格の持ち主で、早稲田大学大学院日本語教育研究科修士課程の1年生であった。フィリピンで1年間日本語教師の経験を持っていながら、チームワークや他人との協働には自信がなかった。AJ1*の「個人の文化」は、静岡出身のローカル文化、日本語教育支援の仕事をしている父親がいるという家庭文化、日本語を1年間教えていたフィリピンで触れたフィリピン文化、そして、早稲田大学大学院日本語教育研究科の集団レベルの文化などを内面化したものだと考えられる。彼女は、受講動機を次のように語った。

> 李さんのアンケートの質問項目に、「なぜこの授業を受講したのか」という問いがあった。私自身の答えは、「ディスカッションを経験したかったから」であるが、もともとチームプレーを嫌い、個人プレーを好む傾向にあった私は、人と話し合って何かを決めるということが苦手で、非常勤インストラクターとして自律することを目指してこれまでもやってきたけれども、自律するだけではダメで、もっと他者とのつながりを大切にし、共生する生き方を学ばなければならないと感じていた。　　　　　　　　　　　（AJ1*観察誌4月28日）

　AJ1*は受講動機に書いてあるように、自分を変えたいという希望があったがために受講した。こうした背景があったからこそ、クラス活動に参加して「自己認識」を中心に自分の内面の変容を敏感に捉えることができた。クラスのテーマである「個人と社会を結ぶ」について、AJ1*は「メンバーそれぞれの社会に対する認識の違いには、メンバー自身の社会経験も影響していた」と考えている（AJ1*観察誌4月14日）。「個人プレーを好む」と自らを反省しつつ、積極的に対話の場をつくる意欲、即ちファシリテーターとしての「自己認識」が最初からあった。「自分とは異なる意見に対しても、一旦そのまま受け止めてみるという姿勢を示していくことによって、自分の発言が否定されないという安心感のもとで、

メンバーが「わたしを語る」ことのできる場をつくっていきたい」と述べた（AJ1*観察誌4月14日）。表現力の乏しさによって、相互の誤解を乗り越えられないまま人間関係を断ってしまった経験があるため（AJ1*観察誌5月12日）、自分の思考を「他者に目に見える形で」意見を発信することの大切さを再認識した（AJ1*観察誌5月19日）。このように、クラス活動と自分の経験を統合しながら考えが変わっていった。クラスで与えられたテーマについては、「こなすのではなく、自分自身の中からテーマを探るというのがみそである。自分でテーマを設定し、そのテーマに基づいて活動を行うため、授業を通して自分自身の課題と深く向き合うことになる」（AJ1*観察誌6月2日）と述べており、AJ1*が自己認識およびそこから生じる行動規範について考えさせられていたことがわかる。

クラス活動を通じてAJ1*のセルフ・ナレッジの変容は以下の面でまとめることができる。

● 個人レベルの言語的知識の変容[1]
・自分独自の表現を創った【言語伝達】
　　だって「愛」は「合い」でしょ？　そのために人は「会う」んだと思います。　　　　　　　　　　　　　　　　（Aグループ BBS 5月29日）
・コミュニケーションが取れない原因は表現力の乏しさにある【言語伝達】
　　自分と考えの合わない人間を「話が通じない相手」と見なし、異質な存在である他者を、心から受け入れるということを十分にしてこなかった。（中略）それは、表現力の乏しさに因るところが大きかったのではないかと今にして思う。　　（AJ1*観察誌5月12日）
・言葉の運用については、「書く」ほうが気持ちを伝えやすい【言語伝達】
　　話すよりも書くことの方が得意だった。書くことによって自分の思考が整理され、書いた方が、自分の気持ちを伝えやすいと感じていた。　　　　　　　　　　　　　　　　　　（AJ1*観察誌5月12日）

● 集団レベルの言語的知識の変容
・表現力の習得は言語文化教育の重要なファクターである【言語伝達】
　　「あなたとは違う私」を上手に伝えていく訓練が必要なのかもし

れない。そのような意味で、言語文化教育において、学習者に表現力を身につけさせることも、重要なファクターなのだと考えるようになった。　　　　　　　　　　　　　　　（AJ1*観察誌5月12日）

● 個人レベルの文化的知識の変容
・インタビューは自分の原点に触れた【自己認識】
　　私は大学で日本古典文学を専攻し、卒論では清少納言の『枕草子』を「自律」というキーワードで読み解くことを試みた。(中略)古典を学ぶ意義は原点に触れることにあると思っていたが、今回の父へのインタビューを通じて、自分の原点に触れた気がした。
　　　　　　　　　　　　　　　　　　　　　　　（AJ1*観察誌6月2日）
・インタビューは自分を捉え直す機会となった【自己認識】
　　私の場合、父の若い頃からの生き方が間接的に影響して、自分は非常勤インストラクターを志すようになったのだということを改めて思い、少なくとも私にとってこのインタビュー活動は、現在の自分を縦断的なつながりの中で捉え直す機会となった。
　　　　　　　　　　　　　　　　　　　　　　　（AJ1*観察誌6月2日）
・クラス活動は自分を探ることになる【自己認識】
　　総合活動型日本語教育は、学習者は与えられたテーマをこなすのではなく、自分自身の中からテーマを探るというのがミソである。自分でテーマを設定し、そのテーマに基づいて活動を行うため、授業を通して自分自身の課題と深く向き合うことになる。
　　　　　　　　　　　　　　　　　　　　　　　（AJ1*観察誌6月2日誌）
・他人との網の目のようなつながりの中に存在している【位置づけ】
　　姉の南アフリカ人との結婚や、父のインドへの思い、様々な要素が複合的に作用し、現在の自分がいると思った。縦断的なつながりの中で自分の意思が決定づけられているような気さえした。意識化しないとなかなか気づかないが、私たちはまるで網の目のようなつながりの中に存在しているのだと思う。
　　　　　　　　　　　　　　　　　　　　　　　（AJ1*観察誌6月2日）
・事前の申し合わせは創造に良くない【行動規範】
　　そのような事前の申し合わせをすることで、かえって「対話」か

ら生まれる「創造」を遮ってしまうのではないかと思った。

(AJ1*観察誌4月21日)

● 集団レベルの文化的知識の変容
・クラスを社会としたら、グループは個になる【位置づけ】
　教室を一つの社会と想定した場合、自分たち（メンバー）の所属しているコミュニティ（グループ）も一つの「個」になり得るということを、活動報告の過程で実体験できたのである。(AJ1*観察誌5月19日)
・他人と文章を分担するのは初めての経験になる【帰属感】
　AJ3君、AJ2*さん！　さっそく加筆修正ありがとうございます！みんなで一つの文章を完成させるのって面白いですね。こういうの初めてしました。　　　　　　　　　　(AグループBBS7月2日)
・協働はコミュニティの創造につながっている【社会認識】
　メンバーそれぞれに役割が与えられ、それを全うしていくことが、コミュニティの創造につながっているのだと思った。

(AJ1*観察誌6月30日)
・自分の役割をこなすことで帰属感を抱くことになる【帰属感】
　自分の役割をこなすことが「自分たち」の活動のために必要なプロセスになるのである。この活動を通して、一つの創造に向かう協働をグループとして体験できたのではないかと思う。

(AJ1*観察誌6月30日)
・シェアによって考えが深まる【行動規範】
　では「自律」とは何だろう、「共生」とは何だろうという自分の中で未だ説明しきれずにいた部分を、他のメンバーとシェアすることによって、考えを深めていくことができたと思う。

(AJ1*期末レポート)

　2010年度春学期の総合活動型クラスを通じたAJ1*のセルフ・ナレッジの変容は表5-1の通りにまとめることができる。

表5-1　AJ1*のセルフ・ナレッジの変容

セルフ・ナレッジ	変容内容	コード
個人レベルの言語的知識	言語伝達	自分の表現を創った 言葉の運用については、「書く」ほうが気持ちを伝えやすい コミュニケーションが取れない原因は表現力の乏しさにある
集団レベルの言語的知識	言語伝達	表現力の習得は言語文化教育の重要なファクターである
個人レベルの文化的知識	位置づけ	他人との網の目のようなつながりの中に存在している
	自己認識	インタビューは自分の原点に触れた インタビューは自分を捉え直す機会となった クラス活動は自分を探ることになる
	行動規範	事前の申し合わせは創造に良くない
集団レベルの文化的知識	帰属感	他人と文章を分担するのは初めての経験になる 自分の役割をこなすことで帰属感を抱くことになる
	社会認識	協働はコミュニティの創造につながっている
	行動規範	シェアによって考えが深まる
	位置づけ	クラスを社会としたら、グループは個になる

2) AJ2*

日本人実習生AJ2*は、早稲田大学大学院日本語教育研究科修士課程の一年生で、中国、オーストラリア、日本で合計10年間日本語教師をしていた。AJ2*の「個人の文化」は、30代の日本人女性の社会レベルの文化、中国とオーストラリアで仕事をしていた間に触れた国の文化や生活していた都市のローカル文化、そして早稲田大学大学院日本語教育研究科の集団レベルの文化などを内面化したものだと考えられる。

AJ2*は、初回は「すっかり一参加者」のように振る舞っていたが（AJ2*観察誌4月14日）、2回目は「ファシリテーターとして、議論を活性化させなければならない」という義務感を感じた（AJ2*観察誌4月21日）。「これからはもっと「考えるきっかけ」を作れるファシリテーターになりたいと思った」（AJ2*観察誌4月28日）。「いかに協調関係を育む議論を展開していけるか」（AJ2*観察誌4月28日）と悩んだあげく、グループ活動の主導権

の交替を自然発生させる方法として「提案するのではなく、その作業や行動やルールが必要であると全員が合意できる理由をさりげなく提示し、そのためには、どうしたらいいだろうかと疑問を投げかけることによって、自然に方向性が決まる音を期待しながら流れを見守る」と考えついた（AJ2*観察誌6月2日）。こうしてAJ2*は、「自分を意識化でき、自分の位置を認識し、それがクラス活動への動機につながる」（AJ2*観察誌6月16日）という視点から、Aグループの活動においてはファシリテーターとして大いに活躍した。AJ2*はグループにおける自分の位置づけ、グループ内部の人間関係などに興味があり、集団レベルの知識の変容が多かった。

AJ2*のセルフ・ナレッジの変容は次のようにまとめることができる。

● 集団レベルの言語的知識の変容
・考えを言葉にするのが難しい【言語伝達】
　　自分の思っていることを言葉で伝える難しさを実感したことである。（中略）みんなそれを考えていて発言回数が減ったのではないかと思った。
　　　　　　　　　　　　　　　　　　　　　　　（AJ2*観察誌4月21日）

● 個人レベルの文化的知識の変容
・対話を流し聞きしている自分について初めて意識化した【自己認識】
　　話の大筋についていける限りは、「なんとなく分かる」というレベルでよしとしているということを、今回の活動を通して初めて意識化した。
　　　　　　　　　　　　　　　　　　　　　　　（AJ2*観察誌4月28日）

● 集団レベルの文化的知識の変容
・つながりと仲間意識ができた【帰属感】
　　これらの背景には、お互いのキャラクターをだんだんと分かってきたグループとしてのつながりがあり、仲間意識もあると思う。
　　　　　　　　　　　　　　　　　　　　　　　（AJ2*観察誌6月16日）
・発言権が平等に与えられることで、グループの固有性を高めた【帰属感】
　　学生同士での話し合いは自由な雰囲気で、発言権が対等に与えら

れており、私たちは、グループのメンバーが考えていることに反発したり触発されたりしながら、いつのまにか、「グループ」としての固有性を高めていた。　　　　　　　　（AJ2*期末レポート）
・対話からつながりが生まれる【帰属感】
　私たちは、ひとりひとり別々のことを考えながらも、それを見せ合い、議論を交わすことにより、「このグループのメンバーである私」という知識を確立していたと思われる。　　（AJ2*期末レポート）
・活動によってみんなが変容した【社会認識】
　今回の活動は一人では成しえなかったという点であり、その過程において、各自が自分の意見を出したことで、自分も、他のメンバーも、少なからず変容したのではないかという点である。
　　　　　　　　　　　　　　　　　　　　　　　（AJ2*期末レポート）
・変容の過程を共有することでつながりが生まれる【帰属感】
　「対話する」ことによって、自分が変わり、相手も変わる授業である。そして、その変容の過程を共有することで、いつのまにか自分と相手との間に「つながり」が生まれるクラスなのだと言えるのではないだろうか。　　　　　　　　　　　（AJ2*期末レポート）
・言葉を通じてつながれた【帰属感】
　今回は、グループ内の「つながり」が強まった印象を受けたが、グループ発表を重ねると、クラス内の「つながり」も更に強まるのだろうと思う。日本人、留学生関係なく、ことばを通して深くつながれることが分かり、非常に貴重な体験となった。
　　　　　　　　　　　　　　　　　　　　　　　（AJ2*期末レポート）
・対立を避けようとすると、議論は活性化できない【行動規範】
　トピックが数多く出てきたのは、テーマとしてそれを深めるのが難しかったこともあると思うが、意見の対立を避けたような動きでもあったのかなと思った。　　　　　　　（AJ2*観察誌4月21日）
・考えるきっかけに気づいた【行動規範】
　人が「考える」のは、議論の中で立ち止まらされた時、例えば反論された時や言いたいことが伝わらなかった時ではないかと思った。　　　　　　　　　　　　　　　　　　（AJ2*観察誌4月28日）

・思考過程を共有することは、本質を見せ合うことにつながっている【行動規範】

　　今回は「心から尊敬しているので」や「今なら向き合えるのではないかと思って」などとインタビュー対象やテーマを選定する上で鍵となるような背景的な話が出てきた。今回の話し合いで、私はメンバー一人ひとりのことを、以前よりもよく知ることができた。
　　　　　　　　　　　　　　　　　　　　　（AJ2*観察誌5月12日）

・議論を活性化させる方法【行動規範】

　　自分がファシリテーターだとして、何かしかけを考えるときは、「あなたが疑問に思っていることは何なのか」を考えさせるように動くだけでなく、(中略)メンバーの疑問はリンクし、新たな疑問を呼び、そして議論は活性化していくのではないだろうか。
　　　　　　　　　　　　　　　　　　　　　（AJ2*観察誌6月23日）

・ファシリテーターとして、先を見越す力が必要だ【行動規範】

　　「なるべく学習者が主体的に動きたくなるような環境を整えられるかどうか」ということを考えることは大切だと感じた。そういう意味で、ファシリテーターには、先を見越す力も必要であると思った授業だった。
　　　　　　　　　　　　　　　　　　　　　（AJ2*観察誌6月30日）

・自分を開示することで他人とつながれる【行動規範】

　　　　　　　　　　　　　　　　　　　　　（AJ2*事後アンケート）

　2010年度春学期の総合活動型クラスを通じたAJ2*のセルフ・ナレッジの変容は表5-2の通りにまとめることができる。

表5-2　AJ2*のセルフ・ナレッジの変容

セルフ・ナレッジ	変容内容	コード
集団レベルの言語的知識	言語伝達	考えを言葉にするのが難しい
個人レベルの文化的知識	自己認識	対話を流し聞きしている自分について初めて意識化した
集団レベルの文化的知識	帰属感	つながりと仲間意識ができた 発言権が平等に与えられることで、グループの固有性を高めた 対話からつながりが生まれる 変容の過程を共有することでつながりが生まれる 言葉を通じてつながれた
	社会認識	活動によってみんなが変容した
	行動規範	対立を避けようとするなら、議論は活性化できない 考えるきっかけに気づいた 思考過程を共有することは、本質を見せ合うことにつながっている 議論を活性化させる方法 自分を開示することで他人とつながれる ファシリテーターとして、先を見越す力が必要だ

3) AC1[2]

　中国人留学生AC1は社会学専攻の大学院生で、日本語を母国で3年間勉強し、来日2年目である。AC1は母国中国および留学先の日本の文化、社会学専攻の集団レベルの文化などを内面化した「個人の文化」を持っていると考えられる。日本語力が低いことを自覚して、日本語力を高めるために「考えるための日本語」クラスに入ってきた。Aグループの活動において、「遠慮なく発言してくれるメンバーの存在は貴重である」（AJ1*6月30日観察誌）と評価されたとおり、AC1はグループの議論に貢献した。活動型クラスに参加して、「クラス以外でバンバン（自分の考えを：筆者注）出すことができるかどうか、わからないが、出すことにちょっと安心にな」る（AC1期末レポート）という自分の行動規範に対して自信を得た。日本語学習に関しては「もう、どうでもいい。とにかく相手をわからせるような感じでやっている。これは言葉の勉強にいいかもしれない」（AC1期末レポート）と言語能力および言語学習に関する行動規範が大

きく変容した。AC1のセルフ・ナレッジの変容は次のようにまとめることができる。

● 個人レベルの言語的知識の変容
・日本語力が高まった【言語能力】
　　日本語の面にしては、確かに複雑なことを日本語で説明する能力をちょっとだけ上げたと思います。　　　（Aグループ BBS 5月30日）
・日本語はもう重要ではない【言語伝達】
　　私は、日本語の勉強のために、ここに来たんですが、最後に、日本語は、もう、私にとって、重要なものではないと思う。
　　　　　　　　　　　　　　　　　　　　　　　（AC1期末レポート）
・自分の表現を創った【言語伝達】
　　みんな出すことによって、私も出す。私が出すことによって、みんなも出す。こういう経験がほんとに冷やしラーメンを食べる感じがする。　　　　　　　　　　　　　　　　　　（AC1期末レポート）

● 集団レベルの言語的知識の変容
・日本語を気にしないことは日本語学習に良い【言語学習】
　　日本語がこのクラスの目的じゃないけど、ひとつ気がついたことは、日本語を気にしなくなることだ。(中略) もう、どうでもいい。とにかく相手をわからせるような感じで、やっている。これは、言葉の勉強にいいかもしれない。　　　　（AC1期末レポート）

● 個人レベルの文化的知識の変容
・自分を出すことに安心した【行動規範】
　　クラス以外で、バンバン出すことができるかどうか、わからないが、出すことにちょっと安心になった。いい体験をした。楽しかった。　　　　　　　　　　　　　　　　　　　（AC1期末レポート）
・自分の声を出すことと人の話を聴くことで人とつながる【行動規範】
　　それに、ひとつわかることは、ことば以外に、人とつながる方法があるということ。それは、自分の声を出す意識と人の話を聴く意識だと思う。　　　　　　　　　　　（Aグループ BBS 5月30日）

・自分の考えを遠慮なく出すこと【行動規範】
　　私は、ひとつのアイディアを思い出した。もし、すべてを出せば、どうなるかな。このクラスで、実験すれば、多分大丈夫だ。このクラス自身は、議論の形式で、テーマもこれに関するし、それに、私と利害関係を持つ人はないから、嫌われても、損が低い。以上の流れで、クラスで、自分を出すことに決めた。
　　　　　　　　　　　　　　　　　　　　　　　　　（AC1期末レポート）

●集団レベルの文化的知識の変容
・グループのメンバーがつながっている【帰属感】
　　中国人だとしても、気に入らないだったら、友達になれない。外国人だとしても、すきだっだら、付き合う。うちのグループにつながっていると思います。　　　　　　　　　　（AグループBBS 6月8日）
・仲間意識ができた【帰属感】
　　ここまできて、諦めなのは、やっぱり自分はこの「悶々」（このグループの名称）の社会に所属して、離れるとみなに迷惑をかけるという仲間意識があると思います。私はこの社会に必要なものだ。私もこの社会が必要だ。つまり、人に頼り、人を助けの感じがなんとなく感じますね。　　　　　　　　　（AグループBBS 6月26日）
・言葉より共通認識が個人と社会を結ぶ【社会認識】
　　こういう視点で見れば、言葉より、ほかの人と同じな認識を持つのは、社会と結ぶには、もっと重要だかも知れない。ひとはじぶんと同じな人と一緒にいるとき、帰属感が持って、さびしくないね。　　　　　　　　　　　　　　　　　　（AグループBBS 6月8日）
・考えを出すことによって人間関係ができる【行動規範】
　　こういう出す、反応を見て、さらに出すというプロセスから、わかることは、実は、誰でも、出したいことだ。みんな出すことによって、私も出す。私が出すことによって、みんなも出す。
　　　　　　　　　　　　　　　　　　　　　　　　　（AC1期末レポート）
・グループ活動は社会と結ぶ実践になる【社会認識】
　　私たち、新聞で語っている、社会とのつながりの形と方法を、実は、グループ内で、すでに、実行している。　　（AC1期末レポート）

2010年度春学期の総合活動型クラスを通じたAC1のセルフ・ナレッジの変容は表5-3の通りにまとめることができる。
　Aグループの各メンバーのセルフ・ナレッジの変容を表すコード総数は44である。以上3名に加え、Aグループ全メンバーのセルフ・ナレッジの変容は表5-4の通りにまとめることができる。

表5-3　AC1のセルフ・ナレッジの変容

セルフ・ナレッジ	変容内容	コード
個人レベルの言語的知識	言語伝達	自分の表現を創った 日本語はもう重要ではない
	言語能力	日本語力が高まった
集団レベルの言語的知識	言語学習	日本語を気にしないことは日本語学習に良い
個人レベルの文化的知識	行動規範	自分を出すことに安心した 自分の考えを遠慮なく出すこと 自分の声を出すことと人の話を聴くことで人とつながる
集団レベルの文化的知識	帰属感	グループのメンバーがつながっている 仲間意識ができた
	行動規範	考えを出すことによって人間関係ができる
	社会認識	言葉より共通認識が個人と社会を結ぶ グループ活動は社会と結ぶ実践になる

表5-4　Aグループメンバーのセルフ・ナレッジの変容

名前	個人レベルの言語的知識		集団レベルの言語的知識		個人レベルの文化的知識		集団レベルの文化的知識	
	○/×	内容	○/×	内容	○/×	内容	○/×	内容
AJ1*	○	言語伝達	○	言語伝達	○	位置づけ 行動規範 自己認識	○	行動規範 社会認識 帰属感 位置づけ
AJ2*	×	外言化	○	言語伝達	○	自己認識	○	帰属感 社会認識 行動規範
AC1	○	言語伝達 言語能力	○	言語学習	○	行動規範	○	帰属感 行動規範 社会認識
AJ3	○	言語伝達	×	——	○	社会認識	○	帰属感 行動規範
AE1	×	——	×	——	×	——	×	——

第5章　多文化グループワークにおける言語的知識と文化的知識の変容

5.2 Bグループメンバーの言語的知識と文化的知識の変容

1) BJ1*

　日本人実習生BJ1*は早稲田大学大学院日本語教育研究科修士課程の1年であり、大学院進学以前中国で日本語教師として5年間働いていた。BJ1*の「個人の文化」は、日本人20代男性の持っている社会レベルの文化、中国で5年間日本語教師をした時触れた中国の文化と生活した都市のローカル文化、そして早稲田大学大学院日本語教育研究科の集団レベルの文化などを内面化したものだと考えられる。

　初回の授業からBJ1*は意識的にファシリテーターの役割を果たしていこうとしていた。「参加者の中にはまだ緊張感のようなものもあり、私は自然と、各自に話題を振り、議論の方向性を指し示し、話しやすい雰囲気づくりを心がけていた。この活動におけるファシリテーターの役割を無意識のうちに担おうと思っていたのである」。しかし、それと同時に、「果たしてこれは必要なことであったのか。観察者としての立場である自分が、話の主導権を握ってしまうことに後になって疑問を感じた」（BJ1*観察誌4月14日）。Bグループの活動を通じて、BJ1*の知識の変容は以下のようにまとめた。

● 個人レベルの言語的知識の変容
・書くことで考えが明確になった【言語伝達】
　　「書く」ことの意義として、考えの整理、活動の振り返り、の2点が挙げられる。（中略）確かにそうすることで頭の中で考えていたこと、そして口頭で伝えていた自分の内面にあるものがより明確になってきたと感じる。
　　　　　　　　　　　　　　　　　　　　　　（BJ1*観察誌4月28日）
・言葉を通じて様々な気づきを得た【言語作用】
　　今回は「個人と社会を結ぶ」というテーマが教師の側から最初に与えられたが、少なくとも私はここまでの授業（考える～）の中で、ことばを通じて様々な気づきを得た。　　　　（BJ1*観察誌6月16日）

● 集団レベルの言語的知識の変容
・「わたし」を言葉にするのは難しい【言語伝達】
　　自分の体験を語る中で、内省することの難しさ、心の中にある「私」を言葉にして「他者」に伝えることの難しさをメンバーそれぞれが感じたのではないかと思う。　　　　　　　(BJ1*観察誌4月14日)

● 個人レベルの文化的知識の変容
・人の話を聞く姿勢になった【行動規範】
　　先週のフィッシュボウル体験の後で、(中略)「観察者以外のメンバーからあまり発言がなく、活発でない」との指摘を頂いた。そこで今回はとにかく「じっくりメンバーの話を聞いてみよう」という姿勢でディスカッションに臨んだのであった。　(BJ1*観察誌5月12日)
・ディスカッションを避けてはいけない【行動規範】
　　もしかしたら無意識のうちにまた出口の見えないディスカッションに入ることを避けていたのかもしれない。(BJ1*観察誌5月26日)
・現状を招いた自分の責任を感じた【位置づけ】
　　この「雑誌作り」は(中略)いつの間にか目的になってしまっているということは前回の観察誌にも書いた。ここまで振り返ってみて、私は参加者というより「実践者」としての意識をもってこの活動に関わってきたのだが、その意識がこうした現状を招いてしまったのではないかと反省している。　　(BJ1*観察誌6月30日)
・自分の生き方への問いかけであった【位置づけ】
　　この「個人と社会を結ぶ」というテーマへの問いは、つまる所「わたし自身の生き方」への問いかけではなかったのだろうか。
　　　　　　　　　　　　　　　　　　　　　　(BグループBBS 6月17日)

● 集団レベルの文化的知識の変容
・グループの雰囲気ができている【帰属感】
　　あまり反対！というのもなく穏やか〜な感じで進んでいましたね。これも実は毎回のことなので、グループメンバーの雰囲気なのかな？とも思ったりしますが。　　(BグループBBS 5月10日)

・「意見の共有」が重要だ【行動規範】
　　今回感じたのは「プロセスの可視化」と「意見の共有」はまた違うということだ。　　　　　　　　　　　　　　　（BJ1*観察誌5月26日）

　2010年度春学期の活動型クラスを通じたBJ1*のセルフ・ナレッジの変容は表5-5の通りにまとめことができる。

表5-5　*BJ1*のセルフ・ナレッジの変容

セルフ・ナレッジ	変容内容	コード
個人レベルの言語的知識	言語伝達	書くことで考えが明確になった
	言語作用	言葉を通じて様々な気づきを得た
集団レベルの言語的知識	言語伝達	「わたし」を言葉にするのは難しい
個人レベルの文化的知識	行動規範	人の話を聞く姿勢になった ディスカッションを避けてはいけない
	位置づけ	現状を招いた自分の責任を感じた 自分の生き方への問いかけであった
集団レベルの文化的知識	帰属感	グループの雰囲気ができている
	行動規範	「意見の共有」が重要だ

2）BK1

　韓国人留学生BK1は現在科目履修生であり、来日3年目の学生である。日本語教育に興味を持っているので「考えるための日本語」クラスを受講した[3]。BK1の「個人の文化」は、母国の韓国、留学先の日本の国レベルの文化および日本語教育専門の集団レベルの文化を内面化したものだと考えられる。BK1は「話がそんなに多くないが自分の意見をしっかり伝えることができる。ほかのメンバーの話を聞いて問題点やヒントを出し」た。BK1はメンバーの発言に対して常にコメントするのでグループにとっての「鏡」役であった（BC1*5月12日観察誌）。このクラスを通じて、BK1は以下の通りに知識の変容が見えた。

● 個人レベルの言語的知識の変容
・日本語力が高まった【言語能力】
　　日本語力に関しては、目にはっきり見える程度の成長ではないと

思いますが、色々なディスカッションを通じて前の自分の能力より上手になったような気がします。　　　　　（BK1事後アンケート）
・ワニとワニ鳥の例で共生関係を説明【言語伝達】
例としてワニとワニ鳥の話をしてくれましたがワニとワニ鳥の関係のように個人は社会で自分の役割を果たして情趣感を得て頑張れる関係で社会はそれに相当する地位や立場、利益関係ができ、両方とも欠かせない関係に成り立ちます。（中略）共生というキーワードが重要だと思いました。　　　　　（Bグループ BBS 6月21日）

● 個人レベルの文化的知識の変容
・インタビューを通じて自分の考えが確立できた【自己認識】
私は個人と社会をつなぐものは言葉とコミュニケーションなどだと今も思っています。最初、グループのディスカッションでこの意見が受け入れられなかった。　　　　　（Bグループ BBS 6月5日）
・考え方は変わった【自己認識】
彼女との対談でその考えが変わり始めました。（中略）人間と社会の関係は共生でお互いに欠かせない関係であり、（中略）助け合っているという考えに同感しました。　　　　　（Bグループ BBS 6月21日）
・自分の生き方について考えることができた【位置づけ】
もともと個人と社会というテーマに正解はないので結局、自問自答するのがこのテーマにふさわしいだろうという意見に感心しました。（中略）そういう部分から見ると自問自答を通して自分の生き方に関して改めて考える事が出来ました。
（Bグループ BBS 6月23日）

● 集団レベルの文化的知識の変容
・人間はそれぞれ考えが違うことを痛感した【社会認識】
人間は社会で動揺しながらもそれぞれの考えを持って生きていくものだということに改めて痛感しました。（Bグループ BBS 6月21日）
・仲間意識を築くこと【行動規範】
思いやりや優しさで溢れるBグループの皆さんに恵まれて無事に雑誌という完成物が出来上がり、仲間関係を築くこともできて

色々な面で意味があるグループ活動でした。　　（BK1期末レポート）
　2010年度春学期の活動型クラスを通じたBK1のセルフ・ナレッジの変容は表5-6の通りにまとめことができる。

表5-6　*BK1*のセルフ・ナレッジの変容

セルフ・ナレッジ	変容内容	コード
個人レベルの言語的知識	言語伝達	ワニとワニ鳥の例で共生関係を説明
	言語能力	日本語力が高まった
個人レベルの文化的知識	位置づけ	自分の生き方について考えることができた
	自己認識	インタビューを通じて自分の考えが確立できた 考え方は変わった
集団レベルの文化的知識	行動規範	仲間意識を築くこと
	社会認識	人間はそれぞれ考えが違うことを痛感した

3）BC1*

　中国人実習生BC1*は、中国と日本で述べ8年間日本語教師をしていた。BC1*の「個人の文化」は、30代の中国人女性としての社会レベルの文化、留学先の日本で触れた日本文化、これまで大学教員として身についた大学教員の集団レベルの文化などを内面化したものだと考えられる。初回の授業の観察誌には、留学生と対等に日本人学生も「気持ちが伝わるようにそれなりの工夫が必要」だから、「日本人学生もこの授業を通じて言語力を鍛えることができる」と考えた。そして「法律があってからの「自由」と同じように、何か「ルール」があってからの「主体性」なのだろう」と、グループディスカッションの位置づけおよびあり方に疑問を持った（BC1*観察誌4月14日）。学習者の主体性は「何やらの役割を果たしていてコミュニティと結んでいる」ことにある（BC1*観察誌6月2日）。また、メンバー一人ひとりが考えて行動するのに比べ、メンバーが意見を出し合うことは課題解決において「相乗効果」があり、グループディスカッションは「教室内の創造活動を支えるものか、（中略）創造活動そのものかもしれない」と考えていた（BC1*観察誌6月9日）。BC1*が「暗黙知の明示化」や「知識の創造」のコンセプトを教室に持ち込んだこ

とがグループ活動を促進したとほかのメンバーに捉えられた（AJ1*観察誌4月28日；AJ2*観察誌4月21日）。

今回の「考えるための日本語」においては、以下の通りにセルフ・ナレッジの変容が見えた。

● 個人レベルの言語的知識の変容
・言葉の学習は考えを明示化するスキルの習得である【言語伝達】
　「ことば」の学習は四つの技能を高めることだと錯覚したことに気づいた。「ことば」の学習は、頭の中（心の中？）のぼんやりしている考えを整理し、論理性のある話にするスキルのことではないかと考えるようになった。　　　　　　　（BC1*観察誌4月14日）
・考えを言葉に転換するのが難しい【言語伝達】
　「日本語が難しい」というのは、言葉自身が難しいより、自分の考えを言葉に転換するのが難しいことではないかと初めて気づいた。　　　　　　　　　　　　　　　　　（BC1*観察誌5月26日）

● 個人レベルの文化的知識の変容
・当たり前に疑問を持つことは勉強になった【行動規範】
　今学期のクラスを通して、もっとも勉強になったのは「当たり前」に疑問を持つことである。　　　　　　　（BC1*期末レポート）

● 集団レベルの文化的知識の変容
・穏やかな人間関係ができている【帰属感】
　私たちのグループは穏やかな人間関係がすでにできていると思う。　　　　　　　　　　　　　　　　　（BC1*観察誌5月19日）
・生まれより育ちということがわかった【人間形成】
　子どもの時から来日し、日本で教育を受けた二人は、体で日本のことを覚えてしまい、周りの日本人と同じように日本社会と溶け込んでいるように見えた。まさに「生まれより育ち」だと思う。
　　　　　　　　　　　　　　　　　　　（BグループBBS 6月19日）
・仲間意識ができた【帰属感】
　30日の授業から今まで新たに気づいたのは、雑誌作業という「共

通活動」を通じて、表面的な穏やかな人間関係を維持することから、すでに「頼り合う仲間意識」へと発展させてきたことだ。
(BC1*観察誌6月30日)

・グループの特徴・性格ができた【帰属感】
他のグループは「きれい系」に対して、こちらは「お金」とか「give and take」とか「利害関係」などばかりでびっくりしたそうだ。そう言われて、むしろ大変嬉しかった。「シャネル」らしさがすでに出てきた証拠だと思うから。 (BC1*観察誌6月30日)

・他人に頼られることで、モチベーションが高くなる【行動規範】
他人に頼られることを味わえるうれしさから、より高いモチベーションが生まれる。そこから、個人の立場からの「学習者主体」は初めて成り立つと思った。 (BC1*観察誌6月30日)

・親近感を示すのも「空気」づくりに重要である【行動規範】
親近感をアップさせる。(中略)「気楽」を示すのも「空気」づくりに重要なポイントだろう。 (BC1*観察誌6月2日)

・興味を示し合うのはコミュニケーションの潤滑油になる【行動規範】
人間は興味を持ってくれる人に話す意欲が強くなるし、相手の話に興味を示すのも、コミュニケーションの潤滑油になる。
(BC1*観察誌6月2日)

・能力を発揮することでモチベーションが高くなる【行動規範】
BC2さんは(中略)かなり本気に取り組んでいるように見えた。特にBC2さんのことだが、今までの活動を振り返ってみると、いつもより輝いていると思う。 (BC1*観察誌6月30日)

2010年度春学期の活動型クラスを通じたBC1*のセルフ・ナレッジの変容は表5-7の通りにまとめことができる。

Bグループの各メンバーのセルフ・ナレッジの変容を表すコード総数は41である。以上のまとめに基づき、上記3名のセルフ・ナレッジの変容に加え、Bグループの全メンバーのセルフ・ナレッジの変容は表5-8の通りにまとめることができる。

表5-7 BC1*のセルフ・ナレッジの変容

セルフ・ナレッジ	変容内容	コード
個人レベルの言語的知識	言語伝達	考えを言葉に転換するのが難しい 言葉の学習は考えを明示化するスキルの習得である
個人レベルの文化的知識	行動規範	当たり前に疑問を持つことは勉強になった
集団レベルの文化的知識	帰属感	穏やかな人間関係ができている 仲間意識ができた グループの特徴・性格ができた
	人間形成	生まれより育ちということがわかった
	行動規範	他人に頼られることで、モチベーションが高くなる 親近感を示すのも「空気」づくりに重要である 能力を発揮することでモチベーションが高くなる 興味を示し合うのはコミュニケーションの潤滑油になる

表5-8 Bグループメンバーの知識の変容

名前	個人レベルの言語的知識 ○/×	内容	集団レベルの言語的知識 ○/×	内容	個人レベルの文化的知識 ○/×	内容	集団レベルの文化的知識 ○/×	内容
BJ1*	○	言語伝達 言語作用	○	言語伝達	○	位置づけ 行動規範	○	行動規範 帰属感
BJ2	○	言語伝達	×	—	○	自己認識 行動規範	○	帰属感
BK1	○	言語伝達 言語能力	×	—	○	位置づけ 自己認識	○	社会認識 行動規範
BC2	○	言語伝達	×	—	○	位置づけ 自己認識	○	帰属感 社会認識
BC1*	○	言語伝達	×	—	○	行動規範	○	帰属感 人間形成 行動規範

5.3　Cグループのメンバーの言語的知識と文化的知識の変容

1) CJ1*

　日本人実習生CJ1*は、日本語学校などで10年以上日本語教師をした経験を持つ。CJ1*の「個人の文化」は、30代日本人女性としての社会レベルの文化、日本語教師としての集団レベルの文化、そして早稲田大学大学院日本語教育研究科の集団レベルの文化などを内面化したものだと考えられる。Cグループの活動において、CJ1*は個性的なメンバーたちをまとめて活動を行っていくのに苦労した。と同時に、「教師というレッテルがあると（中略）私は自然とグループの流れをコントロールしようとしているのだろうか。（中略）私自身が「教師とはこうあるべき」という「上から目線」に毒されている証拠ではないのか」と、自分がファシリテーターとしていかにあるべきか悩んでいた。CJ1*は、年長者でかつ実習生であるという自己認識に基づき、2回も分裂してしまったこのグループを守ろうとした。このような背景から、集団レベルと個人レベルの行動規範についての変容が大きく見られた。「考えるための日本語」クラスを通じて、CJ1*は以下のような気づきを得た。

●集団レベルの言語的知識の変容
・人によって捉え方が違うので、なかなか伝わらない【言語伝達】
　　人によってキーワードのとらえ方、感じ方が異なることがわかった。私たちのキーワードのとらえ方が、劇では観客に伝わっていなかったことがわかった。
　　　　　　　　　　　　　　　　　　　　　　（CグループBBS 6月21日）

●個人レベルの文化的知識の変容
・ファシリテーターとしての自分も学習者から学んでいる【位置づけ】
　　今までの教授経験を通じ、教師も教室で日々学んでいる、学習者から学ばせてもらっているのだなと何となく思っていたが、今回の実践を通じてそのことがはっきりとわかった気がしている。
　　　　　　　　　　　　　　　　　　　　　　（CJ1*観察誌6月23日）

・自然に参加したほうが良い【行動規範】
　　私は前回のように自らリードしようとせず、今回は自然に議論に加わるようにし、論点がぼやけた際に要点をさりげなくまとめたり発言が少ない人に発言を促したりした。これがうまくいったのかどうか自信はないが、前回と比べるとメンバー全体の議論が自然になり活性化されたように感じる。　　（CJ1*観察誌4月21日）
・相互理解はざっくばらんに話ができる雰囲気づくりが必要だ【行動規範】
　　前回は授業開始前に全く授業と関係ない雑談をグループメンバーとしていた。この雑談が前回のディスカッションの雰囲気づくりにかなり有効に働き、話しやすい雰囲気ができていたような気がしている。　　（CJ1*観察誌5月26日）
・仕掛けることは仕切ることではないと学んだ【行動規範】
　　実習生2人が働きかけなければここまでできなかったと思う。（自画自賛だが）いわば活動を仕掛けることである。（中略）ただし重要なのは、しかけること＝仕切ることではないということだ。それを私はこの活動で学んだ。　　（CJ1*観察誌6月9日）
・明確な方向性と臨機応変の両方とも必要だ【行動規範】
　　まず活動は毎回流動的だという前提のもと、こうすれば必ずうまくいくという明確な方法はないが、大切なのはファシリテーターがはっきりとした方向性を持った上でかつそれにとらわれすぎず臨機応変に行ってもかまわないこと。　　（CJ1*観察誌6月23日）
・ファシリテーターは他のグループメンバーと対等な立場であり、かつ、交流の流れを活性化させる立場（事後アンケート）【位置づけ】

●集団レベルの文化的知識の変容
・劇をやり遂げたことで達成感を得た【達成感】
　　準備が不足していた点もありましたが、私は個人的に一致団結して劇をやり遂げられてとても嬉しいです。達成感がありました。
　　　　　　　　　　　　　　　　　　　　（Cグループ BBS 6月14日）
・他者を受け入れようとするようになった【行動規範】
　　改めて振り返った時、確かにそれぞれのメンバーの中に「私と考

えが違うけれどもそのような考え方もあるのだな」と他者を受け入れようとする段階が見られた。　　　　　　　　（CJ1*観察誌4月14日）
・グループの人間関係が良くなった【帰属感】
　　緊張の中ではあったが、メンバー間の関係も良くなってきて話しやすい雰囲気であり、わからないことや不明瞭なことは聞き合える関係になっていたと感じた。　　　　　　　（CJ1*観察誌4月28日）
・ぶつかり合いは無駄ではない【行動規範】
　　前回、私達のグループで起こった対立に話を戻すと、私は「相手とぶつかり合う」過程を無駄なことだとは思わない。むしろメンバー一人ひとりが真剣にこの活動に取り組みたいという気持ちの一つの表れだと考える。　　　　　　　　　（CJ1*観察誌5月12日）
・真の関係を築くには対立は避けられない【行動規範】
　　問題となるのは他者の意見をどうしても受け入れられず対立してしまった場合であろう。まさに私達のグループの前回の活動がその状態だった。本当に相手を理解したい、相手と真の関係を築きたいと思うのならこの対立は避けることができない過程の一つかもしれない。　　　　　　　　　　　　　　（CJ1*観察誌5月12日）
・人間の捉え方は多種多様である【社会認識】
　　私は「考える日本語」のグループ活動により、同じテーマのことがらであっても捉え方や大切にするものが人によって多様なのだということを改めて痛感している。　　　　（CJ1*観察誌5月19日）
・裏付けを示して自分の意見を説明できるようになった【行動規範】
　　その際、最後に全員が納得した合意を得るまでにいつものごとく意見のぶつかり合いがあったが、これまでと違っていた過程が含まれていたと感じる。それは意見を述べる際、一人ひとりが相手を納得できるように工夫した説明がされていたことだ。
　　　　　　　　　　　　　　　　　　　　　（CJ1*観察誌5月26日）

　2010年度春学期の活動型クラスを通じたCJ1*のセルフ・ナレッジの変容は表5-9の通りにまとめことができる。

表5-9　CJ1*のセルフ・ナレッジの変容

セルフ・ナレッジ	変容内容	コード
集団レベルの言語的知識	言語伝達	人によって捉え方が違うので、なかなか伝わらない
個人レベルの文化的知識	行動規範	自然に参加したほうが良い 相互理解はざっくばらんに話ができる雰囲気づくりが必要だ 仕掛けることは仕切ることではないと学んだ 明確な方向性と臨機応変の両方とも必要だ
	位置づけ	ファシリテーターとしての自分も学習者から学んでいる ファシリテーターは対等な立場であり、かつ、交流の流れを活性化させる立場
集団レベルの文化的知識	達成感	劇をやり遂げたことで達成感を得た
	行動規範	他者を受け入れようとするようになった 裏付けを示して自分の意見を説明できるようになった ぶつかり合いは無駄ではない 真の関係を築くには対立は避けられない
	帰属感	グループの人間関係が良くなった
	社会認識	人間の捉え方は多種多様である

2) CC1*

　実習生CC1*は中国国内で修士課程を終え、早稲田大学大学院日本語教育研究科の博士後期課程に入るために科目履修生として授業に出ている。CC1*の個人文化は、中国南方出身の20代女性としての集団レベルの文化、留学先の日本で身についた日本文化、早稲田大学大学院日本語教育研究科に入学するために積極的に研究に取り組む受験生的な集団レベルの文化などを内面化したものだと考えられる。CC1*は、今まで個人的にはリーダー役をやった経験が少ないので、「リーダーとかはやっぱり他人に自分の考えを押し込む恐れがあり、それが嫌なので」(CC1*観察誌6月2日)コースの途中まではあくまで一参加者として参加していたが、後半からはグループ活動を仕掛けるように心がけた(CJ1*観察誌6月9日)。コースが終わる頃には、リーダーシップへの恐怖感から脱出し、ファシ

リテーターのあり方は「グループメンバーの意見を引き出すことによって、グループ空間をシェアする空間をつくり上げることではないか」と述べるに至った（CC1*観察誌6月30日）。CC1*は、ファシリテーターのあり方を問い続けることを通じて、グループにおける行動規範が大きく変容し、自己成長を見た。CC1*のセルフ・ナレッジの変容は次の通りにまとめることができる。

● 個人レベルの言語的知識の変容
・伝える気持ちが大事だ（事後アンケート）【言語伝達】
・自分の日本語力や文法の間違いはそんなに重要ではない（事後アンケート）【言語伝達】

● 個人レベルの文化的知識の変容
・ファシリテーターの役をしていなかった【位置づけ】
　　私今までやっていたことに不足なところは結構あると思う：ディスカッションの進む方向に無関心で、結論を導こうとする気がぜんぜんなかった。他の人が積極的に発言できるような思いやりがなく、自分からの発言がちょっと多かったようだ。
　　　　　　　　　　　　　　　　　　　　　　（CC1*観察誌5月19日）
・自分の考え方がずいぶん変わった【自己認識】
　　授業で「個人と社会を結ぶ」というテーマをめぐり、グループ活動や友達のインタビューや他のグループの見学などを通して自分の考えがずいぶん変わったと感じた。　　（CC1*期末レポート）
・これからすることが明確になった【自己認識】
　　個人と社会とは「個人は自己実現のため、社会に入り、他者とつながるのではないか」、と私が思っている。（中略）これからすることが何となくはっきりなった気がするので、嬉しいと思う。
　　　　　　　　　　　　　　　　　　　　　　（CC1*期末レポート）
・自分の表現力が足りない【自己認識】
　　自分の言いたいことを良く表現できないので誤解されてしまうことがあった。　　　　　　　　　　　　　　　　（事後アンケート）
・考えることは大事である【行動規範】

考えるのは教室のうちではなく、教室の外そしてこれからも考える必要があるのでは、と思うようになった。　　（CC1*期末レポート）
・自分の顔が見えない議論になってしまうとやる気がなくなってしまう【行動規範】
グループが今進んでいく方向は私の望みとは違うから、やる気がだんだん減ってきた。（中略）「このような自分の顔の見えないディスカッションは私にとって、まだ意味があるのか。自分はグループディスカッションの中で何を求めているのか」という疑問が出てきた。　　　　　　　　　　　　　（CC1*観察誌5月19日）
・ダイナミックに人を見る【行動規範】
私はMさんへのイメージが更新してきた。ここまで書いてきて、もう一つ気づいたとして、Mさんへのイメージはどう変わっても、私なりの主観的な認識であり、必ず正しいとは言えない。
（CC1*観察誌5月26日）
・メンバーの意見を引き出すことによってシェアする空間をつくるのは自分の役だ【位置づけ】
ファシリテーターの役割といえば、グループの方向を自分で導くのではなく、グループメンバーの意見を引き出すことによって、グループ空間をシェアする空間をつくり上げることではないか、と思うようになった。　　　　　　　　　（CC1*観察誌6月30日）
・謙虚な姿勢が必要だ【行動規範】
自分の考えは必ずしも正しいとは限らないという覚悟があるべきだ。　　　　　　　　　　　　　　　　　　　　　（事後アンケート）
・コミュニケーションの際自分なりに方向性を持ったほうがいい【行動規範】　　　　　　　　　　　　　　　　　　　（事後アンケート）
・反対意見の言い方【行動規範】
相手のことを褒めてから（他者の気持ちへの思いやり？）、反対の意見を言った方がいい。　　　　　　　　　　　　　（事後アンケート）

● 集団レベルの文化的知識の変容
・見知らぬ人たちから仲間になりつつある【帰属感】
初めてのときは「見知らぬ人達」で、今回は「同じ活動を参加し

ている連中、彼らと同じ話題・経験を共有している」になっただろう。　　　　　　　　　　　　　　　　　　　　（CC1*観察誌4月21日）
・劇を完成したことでみんな達成感を味わえた【達成感】
　　グループで今までの「成果」を皆の前で披露し、クラスから注目をもらって、何かが達成された「嬉しい」ような気持ちがした。（中略）今までの不安がなくなり、このまま進めば、多分うまく行く、とグループの皆が思っているだろう。　（CC1*観察誌5月19日）

　2010年度春学期の活動型クラスを通じたCC1*のセルフ・ナレッジの変容は表5-10の通りにまとめことができる。

表5-10　CC1*の知識変容

知識	変容内容	コード
個人レベルの言語的知識	言語伝達	伝える気持ちが大事だ 自分の日本語力や文法の間違いはそんなに重要ではない
個人レベルの文化的知識	自己認識	自分の考え方がずいぶん変わった これからすることが明確になった 自分の表現力が足りない
	行動規範	自分の顔が見えない議論になってしまうとやる気がなくなってしまう 考えることは大事である ダイナミックに人を見る 反対意見の言い方 謙虚な姿勢が必要だ コミュニケーションの際自分なりに方向性を持ったほうがいい
	位置づけ	ファシリテーターの役をしていなかった メンバーの意見を引き出すことによってシェアする空間をつくるのは自分の役だ
集団レベルの文化的知識	達成感	劇を完成したことでみんな達成感を味わえた
	帰属感	見知らぬ人たちから仲間になりつつある

3）CJ2

　日本人学部生CJ2はグループ活動で非常に活躍した。CJ2の「個人の文化」は、19歳の日本人女子大生という集団レベルの文化、早稲田大学人間科学部の集団レベルの文化などを内面化したものだと考えられる。

Cグループが分裂した際には、「考える」派の一メンバーであり、アンケートの結果をよく分析して、劇で伝えることができなかった点について明確に言語化して、最後までグループの活動をやり遂げようと努力していた（CJ1*6月16日観察誌）。劇の際には積極的に役を演じてもいた。「考えるための日本語」クラスを通じて、CJ2は以下の通りにセルフ・ナレッジの変容が見られた。

● 集団レベルの言語的知識の変容
・他者に考えを伝達するのは難しい【言語伝達】
　　ゲシュタルトが意図するキーワードの意味だけでは他者にきっちり伝達できないのだな〜とか、私たちの個人と社会を結ぶ着眼点どころか伝達方法まで改めて考えるきっかけとなりました。
　　　　　　　　　　　　　　　　　　　　　　（CグループBBS 6月14日）

● 個人レベルの文化的知識の変容
・意見の誠実な伝え方【行動規範】
　　特にこの授業は色々な国籍、年齢、バックグランドを持つ方がいらっしゃるので本当に伝えたいことなら1から10まで、かつ理由つきで話すことが相手に対して誠実な伝え方だと感じた。
　　　　　　　　　　　　　　　　　　　　　　　　　　（事後アンケート）

● 集団レベルの文化的知識の変容
・コミュニケーションにおけるベーシックなものがわかった【行動規範】
　　インタビューを終えるとそこにはテクニックというよりはむしろ、人が人と関わるための最低限のもの、ベーシックなものが詰まっていました。（中略）（そのベーシックなものは）コミュニケーションにおいてならばどんな場面、どんな人、どんな人種間にも通じるものだと分かりました。　　　　　　（CJ2期末レポート）
・社会の存在を「横」と「縦」の二次元で捉えるようになった【社会認識】
　　Sさん[4]は、友達などを"横のつながり"と表現していた。そして横のつながりのなかで影響しあいその先に"縦のつながり"があ

るという。(中略)社会にはこの二段階で出来ているらしい。なるほどな、と思った。

(CJ2期末レポート)

2010年度春学期の活動型クラスを通じたCJ2のセルフ・ナレッジの変容は表5-11の通りにまとめことができる。

Cグループの各メンバーのセルフ・ナレッジの変容を表すコード総数は44である。上記3名のセルフ・ナレッジの変容に加え、2010年度春学期の活動型クラスを通じたCグループの全メンバーのセルフ・ナレッジの変容は表5-12の通りにまとめることができる。

表5-11 CJ2のセルフ・ナレッジの変容

セルフ・ナレッジ	変容内容	コード
集団レベルの言語的知識	言語伝達	他者に考えを伝達するのは難しい
個人レベルの文化的知識	行動規範	意見の誠実な伝え方
集団レベルの文化的知識	社会認識	社会の存在を「横」と「縦」の二次元で捉えるようになった
	行動規範	コミュニケーションにおけるベーシックなものがわかった

表5-12 Cグループメンバーの知識変容

名前	個人レベルの言語的知識 ○/×	内容	集団レベルの言語的知識 ○/×	内容	個人レベルの文化的知識 ○/×	内容	集団レベルの文化的知識 ○/×	内容
CJ1*	×	——	○	言語伝達	○	位置づけ 行動規範	○	達成感 行動規範 社会認識 帰属感
CC1*	○	言語伝達	×	——	○	自己認識 位置づけ 行動規範	○	帰属感 達成感
CK1	○	言語伝達 言語能力	○	外言化	×	——	○	帰属感 行動規範
CK2	×	——	×	——	×	——	×	——
CJ2	×	——	○	外言化	○	行動規範	○	社会認識 行動規範
CC2	○	言語伝達 言語能力	×	——	○	行動規範	×	——

5.4 本章のまとめ──多文化グループワークにおける言語的知識と文化的知識の変容についての考察

「考えるための日本語」クラスの受講生たちの言語的・文化的知識の変容を表5-13にまとめた。BBSでの書き込み、期末レポート、講義の最後に実施したアンケート調査および実習生の観察誌をMAXQDAで分析した結果と合わせてみると、受講生の言語的・文化的知識の変容には以下の4パターンがあった。

1) 言語的知識・文化的知識が両方とも豊かになった

AグループのAJ1*、AC1、BグループのBJ1*は、個人レベルおよび集団レベルの言語的知識・文化的知識の両方が豊かになった。CグループのCC2は、個人レベルの言語的知識・文化的知識の両方が豊かになった。

2) 言語的知識より文化的知識のほうが豊かになった

AグループのAJ2*、AJ3、BグループのBJ2、BK1、BC2、BC1*、CグループのCC1*は、個人レベルと集団レベルの文化的知識が豊かになったが、言語的知識については、個人レベルでしか変容が見られなかった。CグループのCJ1*とCJ2は、個人レベルと集団レベルの文化的知識が豊かになったが、言語的知識については、集団レベルの知識の変容しか見られなかった。

3) 文化的知識より言語的知識のほうが豊かになった

CグループのCK1は、個人レベルと集団レベルの言語的知識が豊かになったが、文化的知識については、「帰属感」と「行動規範」の集団レベルの文化的知識の変容しか見られなかった。

4) 言語的知識・文化的知識のどちらにも変容が見られない

AグループのAE1とCグループのCK2には、知識の変容が見られなかった。

表5-13 「考えるための日本語」受講生の知識変容一覧

名前	個人レベルの言語的知識		集団レベルの言語的知識		個人レベルの文化的知識		集団レベルの文化的知識	
	コード数	内容	コード数	内容	コード数	内容	コード数	内容
AJ1*	3	言語伝達	1	言語伝達	5	位置づけ 行動規範 自己認識	5	行動規範 社会認識 帰属感 位置づけ
AJ2*	×	―	1	言語伝達	1	自己認識	11	帰属感 行動規範 社会認識
AC1	3	言語伝達 言語能力	1	言語学習	3	行動規範	5	帰属感 行動規範 社会認識
AJ3	1	言語伝達	×	―	2	社会認識	2	帰属感 行動規範
AE1	×	―	×	―	×	―	×	―
BJ1*	2	言語伝達 言語作用	1	言語伝達	4	位置づけ 行動規範	2	行動規範 帰属感
BJ2	1	言語伝達	×	―	5	自己認識 行動規範	1	帰属感
BK1	2	言語伝達 言語能力	×	―	3	位置づけ 自己認識	2	社会認識 行動規範
BC2	1	言語伝達	×	―	4	位置づけ 自己認識	2	帰属感 社会認識
BC1*	1	言語伝達	×	―	1	行動規範	8	帰属感 人間形成 行動規範
CJ1*	×	―	1	言語伝達	6	位置づけ 行動規範	7	達成感 行動規範 社会認識 帰属感
CC1*	2	言語伝達	×	―	11	自己認識 位置づけ 行動規範	2	帰属感 達成感
CK1	2	言語伝達 言語能力	1	外言化	×	―	3	帰属感 行動規範
CK2	×	―	×	―	×	―	×	―
CJ2	×	―	1	言語伝達	1	行動規範	2	社会認識 行動規範
CC2	2	言語伝達 言語能力	×	―	3	行動規範	×	―

注 [1] 本研究ではソフトウェアMAXQDAを用いてデータをコーディングし、そしてそのコードからさらに概念を生成し、最後に概念をカテゴリーにまとめている。表記として、本書の以下の記述において●はカテゴリー、【　】は概念、・はコードを表している。
[2] AC1については、Aグループのグループワークの分析（第4章4.1）においても詳細に分析した。参照されたい。
[3] BK1の受講動機は事前アンケート調査の自由記述による。
[4] CJ2は社会とうまく結びついていることとはすなわち友人をたくさん持っていることと捉えていた。そしてこの視点のもとでSさんにインタビューを実施した。

第6章 言語・文化を統合的・主体的に学ぶ多文化グループワーク
―考察―

　この章では、これまで論じてきた「考えるための日本語」クラスの三つのグループのグループワークのプロセス、個人レベルと集団レベルの言語的・文化的知識の変換による異文化の相互理解、および教師とファシリテーターの役割について考察する。

6.1 「考えるための日本語」クラスにおけるグループワーク

　第4章の分析によれば、三つのグループはそれぞれ違う形式で「個人と社会を結ぶ」というテーマをめぐって活動を行ってきた。活動成果として、Aグループは『悶々新聞』を、Bグループは雑誌『CHANEL』を「発行」し、Cグループは『ゲシュタルトの活動について』というレポート集をまとめてクラス全員に配布した（図6-1を参照）。
　グループワークのプロセスにおいては、各グループがそれぞれの行動

図6-1　多文化グループワーク活動の成果

規範と世界観を形成している。Aグループでは自分の考えを開示することをグループの「ルール」とし、個人と社会を結ぶためには「対話とつながり」が大事だと考えていた。Bグループは穏やかな人間関係のもとで頼り合うことがグループの「ルール」になり、メンバーたちはグループワークの流れの中で「Give & Take、共生、帰属感」などが社会と結びつくキーワードであることに気づいた。Cグループは、葛藤とぶつかり合いのあったグループワークの中で、「反対意見を受け入れながら自己主張する」という「ルール」を作り出し、社会と結びつくために「柔軟性、包容性、相互理解」が必要だという世界観を見出した。グループワークのプロセス、すなわち、「表現する」→「共有する」→「統合する」→「内省する」のスパイラルは共通するところであった（図6-2を参照）。

　Li & Umemoto（2010）が論じたように、各個人は「個人レベル」、「集団レベル」、「社会レベル」の文化を持っている。言い換えれば、一人ひとりは自分の所属する集団の個人的文化と社会的文化の持ち主である。「考えるための日本語」クラスでは、様々な文化的バックグランドを持っている学習者が一つのグループを作る。そしてグループワークのプロセスにおいて、他者の文化に反射された自文化に対する「自覚」が高まり、それを「表現する」→「共有する」→「統合する」→「内省する」のスパイラルによって、各個人は集団レベルの意識を構築しながら、交流していく。「ひとつわかることは、ことば以外に、人とつながる方法がある

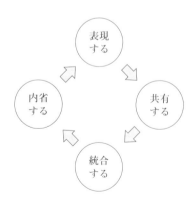

図6-2　多文化グループワークのプロセス

ということ。それは、自分の声を出す意識と人の話を聞く意識だ」（Aグループ BBS 5月30日）と AC1 が書いたように、参加者の相互作用のグループワークは、単なる日本語の面、あるいは何らかの文化面での交流ではなく、人間丸ごとの交流となっていると言えよう。

6.2 「考えるための日本語」クラスにおける言語的知識と文化的知識の変容

現在も主流である「日本語「を」学ぶ」クラスと違って、「考えるための日本語」クラスは、「日本語「で」活動する」ことが言語文化相互理解の原動力になっていたと考えられる。「考えるための日本語」クラスでは、言語文化の相互理解は言語的・文化的知識の共有、活用、創造という形で行われてきた。具体的には、以下のいくつかのパターンがあった。

1）個人レベルの文化的知識 ——表現→ 個人レベルの言語的知識

個人の文化的知識が「言語」に表現されるパターンはグループ活動の最初の段階には特に多く見られた。そして、個人の文化的知識を、言語的知識を通じて表現することは、学生たちにとって思うほど簡単なことではなかった。BC1*の4月14日の観察誌には、「「個人と社会を結ぶ」とは当たり前のように話していたが、理解しよう、説明しようとすると、自分のぼんやりした考えを引き出し、また「ことば」にして伝えるのが非常に難しかった」と記されている。文化的知識を言語的知識に転換する作業も、一種の知識創造と捉えることができる。

2）個人レベルの言語的知識 ——共有→ 集団レベルの言語的知識

グループワークにおいて、メンバーの意見はグループで共有され、グループの意見になった。個人の言語的知識からグループの言語的知識になった例は多く見られた。AグループとCグループのキーワードや、三つのグループの意見構築など、いずれも「共有」によって生まれたものである。例えば、Cグループの4月21日のグループディスカッションでは、個人と社会を結ぶというテーマについて話し合った。そこでは、個人の文化が言語に表現され、その言語的知識はグループで共有され、次

のようなグループの意見となった。「個人は社会のなかで一人では生きられない、他者とのつながりが必要である。柔軟性と包容性そして相互関係を受け入れることでそのつながりは濃くなり、社会はより豊かになる」(CC1*4月21日観察誌)。

3) 集団レベルの言語的知識 ——統合—→ 集団レベルの文化的知識

　各メンバーの意見がグループで共有され、集団レベルの言語的知識ができあがった。そして、集団レベルの言語的知識を統合させると、集団レベルの意見が生まれる。それが集団レベルの文化的知識になる。グループワークの最終段階において、このパターンの知識の変容が特に多く見られた。例えば、Aグループの最終段階において、AC1の記事に対して、AJ2*は「私達は、時間をかけて、たくさん話をして、認識を見せ合って、自分を調整したりして、同じ背景を創り上げてきた」とグループメンバーの行動規範に関する気づきを言葉に表現し、AC1は「私たち、遠慮なく、自分の意見をはっきりという」という集団レベルの行動規範としての文化的知識に気づき、まとめた（AグループBBS6月8日）。

4) 集団レベルの文化的知識 ——内省—→ 個人レベルの文化的知識

　集団レベルの文化的知識が個人レベルの文化的知識に変換されることは、いくつかの段階で現れた。グループディスカッションによる意見の構築や、グループで共有されている意見を批判されたりコメントされたりすることは、内省の契機となり、新たな見方が生まれてくる。具体的な例は、Bグループの議論における意見の構築（pp.82–85）、AグループのAC1の記事のまとめ（pp.55–60）などが挙げられる。

5) 教室の外から得た文化的知識 ——統合—→ 個人レベルの文化的知識

　AグループやBグループは教室の外に出てインタビューしたため、インタビューの対象との「対話」によって、新たな文化的な気づきを獲得し、文化的知識が豊かになった。このパターンの知識の変容は、個人レベルの文化的知識を言語で表現し、対話によって自分の文化的知識と統合したと言えるであろう。

メンバーたちの言語的・文化的知識はグループワークを通じて転換、または表現され、そしてクラスで共有され、創造されてきた。その様子は、以上の五つの知識変容のパターンにまとめられよう。また、留学生にしても日本人学生にしても言語的・文化的知識が豊かになったことがわかる。

　このクラスは日本語能力を高めることを目的にしなかったが、結果から言うと、学習者は日本語が上達したのみならず、日本語学習の「プロセス」、つまり結果に辿り着く「方法」についても気づきを得られた。留学生AC1は活動途中（5月30日）と活動終了後（6月30日）に日本語の習得についてそれぞれ次のように記した。

　　<u>日本語の面としては、確かに複雑なことを日本語で説明する能力をちょっとだけ上げたと思います。</u>（中略）正直に言って、私は、みなさんの日本語を60-70％しか理解できない。それなのに、discussionができるのはほんとに不思議だと思う。　　（AグループBBS 5月30日）

　　日本語がこのクラスの目的じゃないけど、<u>ひとつ気がついたことは、日本語を気にしなくなることだ。</u>（中略）<u>もう、どうでもいい、とにかく相手をわかせるような感じで、やっている。これは、言葉の勉強</u>にいいかもしれない。　　　　　　　　　　（AC1期末レポート）

　この気づきからわかるように、今までの伝統的な日本語クラスと「考えるための日本語」クラスの根本的な違いは、「日本語」をどのように捉えるかという問題である。伝統的な日本語クラスでは、日本語はあくまで学習の対象である。今までの主流である日本語教育では、「文法・文型」、「文字・語彙」、「聴解」、「読解」、「作文とプレゼンテーション」などの習得能力を重んじている。しかし、「考えるための日本語」クラスでは、日本語は活動のツールになっている。

　本研究では、「文化」を集団に属する人間が習得した「思考と行動のパターン」としての知識と定義し（Li & Umemoto 2010）、「文化的知識」を、「自分をどう見ているかという自己認識、世界をどう見ているかという世界観、どう行動しているかという行動的慣習、どう行動すべきかとい

う行動的規範」と定義した。この定義を踏まえて「考えるための日本語クラス」を評価すると、グループワークを通じた文化の相互理解は、コミュニケーションを円滑に進めるための自己認識、行動規範、世界観などに関する知識を獲得させたと言える。「考えるための日本語」クラスは、多国籍・多文化という特徴がある。チームメンバー間で暗黙的知識を共有することは、チーム活動の円滑さを改善することにつながっていた。暗黙的知識は体験的学習と実践的行動を通じて構築され、グループワークのプロセスは各学習者の持っている異なる文化と交流する「体験」になる。

　学習者のBBSでの書き込み、期末レポート、講義の最後に実施したアンケート調査および実習生の観察誌をMAXQDAで分析した結果によると、留学生や日本人学生を問わず、学習者は「言葉への気づき」、「自分への気づき」、「他人との関係への気づき」を得た。それらの気づきを、それぞれ「個人レベルの言語的知識」、「集団レベルの言語的知識」、「個人レベルの文化的知識」、「集団レベルの文化的知識」にまとめることができた。さらに細分化すると、言語的知識は「言語能力」、「言語伝達」、「言語作用」、「言語学習」、「外言化」についての知識に分類でき、文化的知識は「行動規範」、「位置づけ」、「自己認識」、「帰属感」、「社会認識」、「達成感」、「人間形成」などに分類できた。表6-1は受講生の知識の変容例である[5]。

6.3　知識変容を導く受講生の特性の分析

　第5章の分析によると、受講生の言語的・文化的知識の変容には以下の4のパターンがあった（第5章表5-13参照）。

1) 言語的知識・文化的知識が両方とも豊かになった
2) 言語的知識より文化的知識のほうが豊かになった
3) 文化的知識より言語的知識のほうが豊かになった
4) 言語的知識・文化的知識のどちらにも変容が見られない

　その各パターンの受講生の特性をさらに分析すると、「教師との関連

表6-1 「考えるための日本語」受講生の知識の変容例

セルフ・ナレッジの変容内容		コード例
個人レベルの言語的知識	言語能力	日本語力が高まった（I）[1]
	言語伝達	自分の日本語力や文法の間違いは重要ではない（I） 書くことで考えが明確になった（J）
	言語作用	言葉を通じて様々な気づきを得た（J）
集団レベルの言語的知識	言語伝達	自分の表現を創った（I） 他者に考えを伝達するのが難しい（J）
	言語学習	日本語を気にしないことは日本語学習に良い（I）
	外言化	考えを言語化する実践ができた（I）
個人レベルの文化的知識	行動規範	わかりやすく話すことに心がけるようになった（I） 人の話を聞く姿勢になった（J）
	位置づけ	自分の生き方について考えることができた（I） ディスカッションを避けていた自分を反省した（J）
	自己認識	意見を述べることに自信を持つようになった（I） 人との触れあいの中で成長した（J）
集団レベルの文化的知識	行動規範	考えを出すことによって、人間関係ができる（I） 意見を裏付けとなる説明をできるようになった（J）
	帰属感	劇を通じてつながりができた（I） 役割をこなすことで帰属感を抱くことになった（J）
	社会認識	人間はそれぞれ考えが違うことを痛感した（I） 社会の存在を「横」と「縦」の二次元で捉えるようになった（J）
	位置づけ	ファシリテーターとしての自分も学習者から学んでいる（J）
	人間形成	生まれより育ちということがわかった（I）

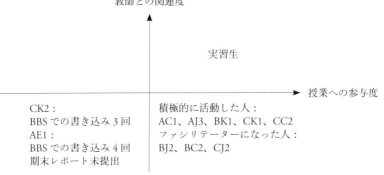

図6-3 「考えるための日本語」受講生の特性分析

度」および「授業への参与度」という二つのファクターが見えてきた。

　教師は「考えるための日本語」クラスで積極的に参与するより、むしろそばから見守り、必要な時だけコメントしたので、「考えるための日本語」クラスの受講生と教師の関連度は高くないと言えよう。しかし、実習生が毎週参加していた「実践研究11」クラス（全15回）においては、教師は7人の実習生の書いた観察誌を共有し、常にディスカッションしていたので、「実践研究11」に出る7人の実習生は教師との関連度が高いと考えられる。図6-3で表されているように、「考えるための日本語」と「実践研究11」という両方のクラスに出席している実習生たちは、「教師との関連度」が高く、また、教育現場を研究しようという意欲のある実習生たちは、「考えるための日本語」クラスへの参与度も高いと判断される。そのため、TAを除く6人の実習生の中では、2人の個人レベル・集団レベルの言語的・文化的知識の両方が豊かになった。他の4人については個人レベル・集団レベルの文化的知識が豊かになり、個人レベル・集団レベルのどちらか一方の言語的知識が豊かになったことがわかった。

　実習生以外の受講生の中では、AC1は個人レベル・集団レベルの言語的・文化的知識の全部が豊かになった。AC1はAグループのBBSで15回も発言し、メンバーの中で最も発言が多かった人物である。AJ3は、個人レベルの言語的知識、個人レベル・集団レベルの文化的知識が豊かになった。AJ3は、よく考える人物で、グループで「自己更新力」というコンセプトを提出し、クラスでそれが認められ、期末の自己評価の基準になった。AC1もAJ3も「授業への参与度」が高く、クラスの進行に貢献したと考えられる。そして、BグループのBJ2、BC2、およびCグループのCJ2は、グループワークの流れでファシリテーターになり、グループワークを支援した人物であった。この5名の受講生は言語的・文化的知識が豊かになった。また、BK、CK1、CC2は、ファシリテーターになっていなかったが、積極的に一メンバーとして活動に参加したため、言語的・文化的知識が豊かになった。以上の受講生に見られる共通の特性は「教師との関連度」は低いにもかかわらず、「授業への参与度」が高いことにある。

　「考えるための日本語」クラスでは、「授業の参与度」の低い受講生が2人いた。CK2のBBSでの発言は3回しかなかった。その3回の発言の中

では、2回はグループ活動の報告で、1回はアンケートに答えてくれた他のグループメンバーへのお礼であった。そして、AE1は、BBSでの発言は4回のみで、それぞれインタビューの質問、他のメンバーからのコメントへのお礼、編集の確認事項と編集修了の報告であり、自分の意見をはっきりと伝える書き込みはなかった。AE1は期末レポートも提出しなった。CK2とAE1には言語的・文化的知識の変容は見られなかった（第5章表5-13を参照）。

以上をまとめると、「教師との関連度」と「授業への参与度」が知識変容の重要な二つのファクターであり、とりわけ、「授業への参与度」が最も受講生の変容と関わっていたことがわかる。

6.4 ファシリテーターと教師の役割

筆者は2010年6月19日に、「実践研究11」クラスで6人の実習生を対象にメールでインタビューを行った[2]。インタビューの質問項目は以下の通りである。インタビュー結果に基づき、表6-2を作成した（表6-2参照）。

1. あなたの入っているグループでは、ファシリテーターの役割はどんな時、果たされていると思いますか？（複数可）
   A　事務的な話をする時（作品の設計・スケジュールなど）
   B　グループディスカッションの流れの把握などをしたい時
   C　「個人と社会を結ぶ」について、みんなの意見のやりとりの時
   D　コースナビなどを通して、メンバーたちに考えてもらいたい時
   E　その他（　　　　　　　　　　）
2. ご自分は、どのようにファシリテーターの役割を果たしていますか。例を教えてください。

そして、MAXQDA分析の結果によると、ファシリテーターは、感情的なコミュニケーションでグループをまとめ、インタビューの実施や共同作業（グループ新聞の社説の執筆など）の実行など実務的事項を完成させるように仕掛け、グループディスカッションの進行を促進するなどの行

動を通じて、ファシリテーターとしての役割を果たしていたことがわかった。また、「考えるための日本語クラス」の三つのグループの質的分析の結果によると、ファシリテーターはグループ活動のプロセスにおいて、自然に発生し、場面によって役割を交代しながら活動を促進していることがわかった。要するに、ファシリテーターは、教室のグループワークの「場づくり」を仕掛ける役といえる。活動型クラスにおけるファシリテーターの役割は表6-3の通りにまとめることができる。

表6-2　ファシリテーターの役割についてのメールインタビューの結果

グループ・名前	答え	役割の例
Aグループ AJ1*	C	「できるだけ本音を語る場をつくる」という目的でなら、私自身がまず本音を語ることから始めている
Aグループ AJ2*	A、B、C、D	グループディスカッションの時、なるべくニュートラルな感じで、参加者の意見を聞くようにしたり、メンバーの意見をリンクさせたりしていた
AK1* (TA)	A、B、C、D	他のメンバーの書いたものについてはフィードバックを送ったり、新聞の記事に関しては、1人の読み手として、記事を書いている人の考え方がどのように伝わっているのかを伝えたりしていた
Bグループ BJ1*	C	意識としては、「活動を円滑にする人」のつもりでやっている
Cグループ CJ1*	A、B、C	E（やる気がなさそう、ついてこられなさそうなメンバーをディスカッションに引き入れる）
Cグループ CC1*	B、C	ディスカッションがなかなかまとまらず、なかなか前へ進まない時、ファシリテーターの役をとる

表6-3　グループワーク活動を促進するファシリテーターの役割

ファシリテーターの役割	出所
グループをまとめる	メールインタビュー、MAXQDA分析
グループディスカッションの流れの把握	メールインタビュー
事務的なことの提案と把握	メールインタビュー、MAXQDA分析
意見のやりとりの場づくり	メールインタビュー、MAXQDA分析
BBSで考えるきっかけを作る	メールインタビュー、MAXQDA分析

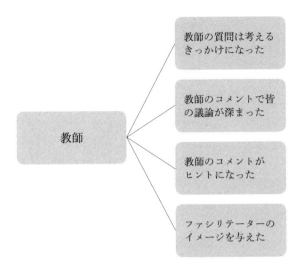

図6-4　MAXQDAで分析した「教師の役割」

　教師の役割について、細川・NPO法人「言語文化教育研究所」スタッフ（2004）は、活動型日本語教室では、教師は「設計者」、「組織者」、「支援者」であると主張している。2010年度に筆者が参与観察したクラスでは、教師（細川）は枠組みを大まかに設計し、実習生を通じて間接的な形でクラスの流れに影響を与え、時々短いコメントの形で直接介入していた。そして、MAXQDA分析および「考えるための日本語」クラスの質的分析の結果によると、教師はグループワークに参与していないが、終始クラスの進行を見守り、時々コメントを与えるという形で各グループのグループワークを動かした。さらに、グループワークで非常に重要な役割を果たしている実習生たちと、「実践研究11」クラスで「考えるための日本語クラス」について毎回議論し、アドバイスや意見[3]を述べていたこともクラスの進行に大きな影響を与えていた。教師の役割は図6-4のようにまとめることができる。

6.5　本章のまとめ

　活動型教育の「考えるための日本語」クラスの参加者は、受講生、フ

ァシリテーター、および教師からなっている。実習生がファシリテーターの役割を果たしているグループもあったし、グループワークの流れでファシリテーターが自然発生し、場面によって交代していたグループもあった。

　グループワークを通じて課題を協働で完成させるプロセスは「表現する」→「共有する」→「統合する」→「内省する」のスパイラルである。この活動の循環は同時に二つの場所で行われている。一つは、教室内のグループディスカッションの場であり、もう一つは、インターネット上のBBSの場である。グループによっては、教室の外部の人にインタビューすることもあったが、本研究では、そのインタビューも「対話」の一部とした。グループメンバーは個人レベルの暗示的・暗黙的文化からクラスのテーマに関する内容を言語化して、他のメンバーに伝達する。そして意見を交換することによって、個人の考えがグループで共有されて、共通の認識ができる。さらに、グループのメンバーやインタビュー対象者との対話を通じて、個人の考えを相手の意見と「統合」し、新たな気づきを得た。その新たな気づきを、自分の経験や活動のテーマと統合して、「内省」する。そして、その自分の新たな意見を「表現」し、グループで「共有」して、対話を通じて他者の意見と「統合」して、また「内省」して自分のものにする。クラスの参加者はこのプロセスで、言語的・文化的気づきを得て、言語文化を統合して習得した。

　「考えるための日本語クラス」における言語・文化の相互理解は、言語的・文化的知識の転換、伝達、共有、創造などの形で行われてきた。個人レベルの文化的知識は、表現することによって個人レベルの言語的知識になって、他者に伝達された。個人の行動規範についての文化的知識は、他者の文化的知識と統合され、集団レベルの文化的知識となる様子も見られた。そして、集団レベルの文化的知識を内省することで、個人の文化的知識となることもあったし、インタビューなどを通じて教室の外から得た文化的知識がクラスのテーマと統合され、個人レベルの文化的知識となるというパターンもあった。ファシリテーターはグループワークの「場づくり」を仕掛ける役割を果たし、グループワークを促進した。教師はグループワークを終始見守り、コメントを与える形でグループワークを促進した。

クラス参加者の相互作用によるグループワークは、知識創造の場であった。創造された知識は、具体的には以下の種類がある。

　まず、三つのグループの成果として『悶々新聞』、雑誌『CHANEL』、レポート『ゲシュタルトの活動について』が挙げられる。グループ活動の成果は、「個人と社会を結ぶ」というテーマに関する、グループワークから得た成果を言語化した明示的な知識である。

　次に、クラスの受講者は様々なバックグランドを持っていたので、多文化コミュニケーションがさかんに行われていた。そこでの葛藤や、衝突や、協働による課題解決を通じて、気づいたことも知識である。その一部は言語化されて「気づき」として残る。本章前半部でまとめた「言語への気づき」、「自分への気づき」、「他者との関係への気づき」などの「言語的・文化的知識の新たな気づき」がそれであり、暗示的知識から明示的知識に変換されていた。しかし、グループワークのプロセスの中で、学習者の「気づき」には完全に明示化できない暗示的・暗黙的知識もあり、その一部は「ノウハウ」としてグループワークから生まれた。例えば、「コミュニケーションのやり方がわかった」、「この世界を見る目が変わった」と講義の最後に実施したアンケート[4]で答えた学習者もいたが、具体的にどういうことがわかったのか、どんな見方ができたのか、言語化できないものが多かった。それは教室で創られた暗示的・暗黙的知識と言える。

注　[1]　Iは留学生（International students）の略であり、Jは日本人学生（Japanese students）の略である。
　　[2]　メールインタビューの詳細は付録2を参照。
　　[3]　例えば、三つのグループがそれぞれ活動を進めているとき、「わたしはこの問題をどのように捉えるかを考える」というコメントは、グループの活動の進行および成果物のまとめに大きな影響を与えた。
　　[4]　付録3「アンケート調査のまとめ」を参照。
　　[5]　セルフ・ナレッジの変容に関して、各グループのメンバー3名に絞って分析することとした。表6-1では、すべてのメンバーのセルフ・ナレッジの変容を記載した。これまでの分析に出ていなかったコードもある。

第7章 多文化グループワークのASCIモデルと実践的モデル

　本研究では、活動型教育における多文化グループワークのプロセスを明らかにすることを目的として、これに関連する先行研究のレビュー、および早稲田大学で行った活動型教育の事例分析を行った。本章では、以上の分析から明らかになった知見を整理し、さらなる考察を行う。そこから、活動型教育において、多文化グループワークがいかに行われているのかについて、知識科学の視点から整理し、多文化グループワークのプロセスを明示する理論的モデルを提示して、知識科学理論のさらなる発展に向けた理論的含意を導出する。

　すでに述べたように、第二言語習得には言語と文化を統合する視点が不可欠である。近年では、早稲田大学大学院日本語教育研究科の活動型教育が日本語教育分野で注目されており、早稲田大学では初級クラスから上級クラスの全レベルにおいて活動型教育が実践されている。しかしながら、活動型教育における多文化グループワークのプロセスや、学習者が多文化グループワークを通じていかに学んでいるのかについてはまだ十分に明らかにされていない。これらの課題を踏まえ、多文化グループワークのプロセスおよびセルフ・ナレッジの変容を理論的に提示し、さらにその実践的含意を論じ、最後に今後取り組むべき課題とその方向性を、将来研究への示唆として提示する。

7.1　主要な発見事項

　本節では、事例分析から導き出された発見事項を整理する。「はじめに」において示した以下の三つのサブシディアリー・リサーチ・クエスチョンと本書全体を通じた大きな問いであるメジャー・リサーチ・クエ

スチョンに答える形で、発見事項をまとめ、次に、多文化グループワークのプロセスにおける四つの「フェイズ phase（局面）」について考察する。

- MRQ：早稲田大学活動型教育において、多文化グループワークはいかに行われたのか？
- SRQ1：多文化グループワークにおいて、メンバーはいかに学んだのか？
- SRQ2：多文化グループワークにおいて、メンバーはどのように変化したのか？
- SRQ3：多文化グループワークにおいて、ファシリテーターと教師はいかにグループワーク活動を促進したのか？

7.1.1　SRQ1 の答え：多文化グループワークにおける「表現・共有・統合・内省」のスパイラルによる学習

分析対象の「考えるための日本語」クラスにおいては、学習者はグループワークで協働して課題を完成させる活動プロセスを通して、言語的・文化的知識を習得していた。活動内容はグループによって異なるが、そのプロセスは大まかに「活動前の動機づけ」→「活動」→「活動のまとめ」に分けることができた。

活動前の動機づけ段階では、学習者は自分のテーマを見出すことが目的となる。今までの体験に基づく「個人の文化」から、クラスのテーマに関する内容を取り上げ、日本語で表現し、グループで議論した。グループでメンバーたちの意見が共有されると、他のメンバーの異なる「文化」から、「自分についての気づき」を得て、より明確な意見を持つようになった。つまり、学習者の暗黙的な「個人の文化」は、「言語化」と「共有化」を通して明示化され、それによってクラス活動における自分のテーマが見出された。

この「学習者主体」のクラスでは、活動内容は学習者自身が決める。活動の形態は、今回の場合、新聞、雑誌の発行、劇の上演と三者三様であったが、それらに共通する本質は「対話」であると見ることができる。「活動の下準備」はグループ内の相互作用であり、「活動」はグループ内外の相互作用である。相互作用は、自分の意見を言葉で「表現」し、話

し相手と「共有」し、相手と「対話」によって意見を「統合」するプロセスである。このプロセスを通して、自分の考えを暗黙知から明示化し、相手と共有したり、異なる意見とぶつかったりした。そのプロセスにおいて、相手の特有の文化から気づきを得て、自分の考えが変容した。

「活動のまとめ」の段階では、クラスのテーマについて最も考えが深まることが多かった。学習者は、活動から得た文化的気づきを日本語によって「表現」し、グループで共有した。そして、意見交換の形で意見を「統合」し、学習者の「内省」を促進した。「内省」によって、言語の形としての気づきは再び暗黙的な文化的気づきになる。つまり、「表現する」→「共有する」→「統合する」→「内省する」のスパイラルで、学習者の考えが深まって自分の意見とグループとしての意見ができ、そして、「言語」に転じて何らかの形で意見がまとめられていった。

これまでの日本語教育における主流の「日本語「を」学ぶ」クラスと違って、活動型クラスは「日本語「で」活動する」ことが、言語文化の相互理解の原動力になっていた。すなわち、多文化グループのメンバーの相互作用を重んじる小社会を構築し、コミュニケーションを通じて、クラスのタスクを完成させ、言語文化を統合的に理解することができた。

7.1.2　SRQ2 の答え：多文化グループワークにおいて、メンバーは言語的・文化的知識が変容し、セルフ・ナレッジが豊かになった

「考えるための日本語」クラスの受講生たちの言語的・文化的知識には変容が見られた。BBSでの書き込み、期末レポート、講義の最後に実施したアンケート調査および実習生の観察誌をMAXQDAで分析した結果と合わせてみると、留学生、日本人学生を問わず、「言葉への気づき」、「自分への気づき」、「他人との関係への気づき」を得た。それを言語文化相互理解の視点から、それぞれ「個人レベルの言語的知識」、「社会レベルの言語的知識」、「個人レベルの文化的知識」、「社会レベルの文化的知識」にまとめることができる。

第6章の考察によると、「考えるための日本語」クラスの受講生は、クラス活動への参加がきわめて不活発だったAE1とCK2の2名を除いて、他の15名においては言語的・文化的知識の変容が見られた。さらに細

かく見ると、言語的知識においては、「言語伝達」、「外言化」、「言語能力」などについての知識の変容が見られた。文化的知識においては、「行動規範」、「帰属感」、「社会認識」、「位置づけ」などについての知識の変容が見られた。上記の知識の変容から、自分の文化（アイデンティティ）に対する深い気づきを得て、主体性・協調性・チャレンジ精神などが育まれたこともうかがえる。

　本研究は、セルフ・ナレッジを「言語的知識と文化的知識のそれぞれの構成要素からなる自分についての知識」と捉える。Neisser（1988）によるセルフ・ナレッジの四つの構成要素（直接認知される「対人関係の自己」、記憶と予知に基づいている「拡張された自己」、「プライベートな自己」、そして「自己概念」）から次のように分析できる。

　活動型クラスにおいては、学習者の「対人関係の自己」のセルフ・ナレッジが、個人レベルと社会レベルの言語的知識の「言語伝達」、文化的知識の「行動規範」、「位置づけ」、および集団レベルの文化的知識の「行動規範」、「帰属感」の面で変容した。そして、「拡張された自己」のセルフ・ナレッジは、個人レベルの「言語伝達」、「行動規範」、および集団レベルの「外言化」、「帰属感」の面で変容した。「自己概念」のセルフ・ナレッジは、個人レベルの言語的知識である「言語能力」、社会レベルの言語的知識「言語学習」、および個人レベルの文化的知識としての「自己認識」の面で変容した。また、「プライベートな自己」は、活動型クラスにおける活動の体験から得られた多くの言語的知識および文化的知識で、暗黙のままで言語化されていない「気づき」が多いため、「プライベートな自己」も成長したと考えられる。

　「考えるための日本語」クラスでは、学習者は言語的・文化的知識が豊かになり、それに基づいて構築される自己認識、および異文化コミュニケーションに関する行動規範などのノウハウが蓄積されたと考えられる。「セルフ・ナレッジ」はいわば「言語と文化はコインの両面」というメタファーの「コイン」であり、言語と文化は、セルフ・ナレッジで統合される。言語的知識にしろ、文化的知識にしろ、セルフ・ナレッジの異なる表現形式である。学習者は「小社会」における「グループワーク」から、言語的・文化的気づきを得て、言語文化を統合的に相互理解することにより、セルフ・ナレッジを豊かにしていった。

7.1.3　SRQ3 の答え：ファシリテーターと教師はナレッジリーダーとしてグループワークを仕掛けた

　ファシリテーターの役割については、「考えるための日本語クラス」の三つのグループワークのプロセスを分析し、ソフトウェア MAXQDA によって質的データの分析をした。それらを総合的に見ると、ファシリテーターは、グループをまとめ、事務的な事項を完成させるように仕掛け、グループディスカッションの進行を促進するなどを通じてその役割を果たしていたことがわかった。そして、ファシリテーターは、グループ活動のプロセスの中で自然発生し、場面によって役割を交代しながら活動を促進していった。つまり、ファシリテーターとは、教室のグループワークの「場づくり」を仕掛ける役である。

　また、上記の二種類の分析によると、教師（すなわち細川英雄教授）は直接グループワークに参与していないが、終始クラスの進行を見守り、時々コメントを与える形で各グループのグループワークを動かした。さらに「考えるための日本語クラス」と平行して行われた「実践研究11」クラスでは、グループワークに大変重要な役割を果たしている実習生たちと「考えるための日本語クラス」について毎回議論し、アドバイスや意見を提供している。このことも、クラスの進行に重要な役割を果たしていた。教師は活動型クラスの枠組みを大まかに設計し、実習生を通じて陰ながらクラスの流れに影響を与え、時々コメントの形で介入していた。その意味では、教師もグループワークの「場づくり」を仕掛ける役割を果たしていた。

　伊丹・西口・野中（2000）によると、「場」とは、人々が参加し、意識・無意識のうちに相互に観察し、コミュニケーションを行い、相互に理解し、相互に働きかけあい、共通の体験をする、その状況の仕組みのことである。そこでは、ナレッジリーダーは、有効に機能する知識創造の「場」をつくり出し、それを活性化・持続化して他の「場」と連携し、知識変換プロセスをリードし促進していくことが求められている。「考えるための日本語」クラスにおけるファシリテーターと教師の役割は、教室のグループワークの「場づくり」を仕掛ける役である。つまり、ファシリテーター、教師ともに「考えるための日本語」クラスの「ナレッジリーダー」と言える。

7.1.4 MRQ の答え：早稲田大学活動型教育において、多文化グループワークは「表現・共有・統合・内省」のスパライルで行われた

前節で示した三つのSRQsへの答えをまとめる形でMRQの答えを以下に述べる。

早稲田大学大学院日本語教育研究科の細川教授がリードする活動型クラスでは、異なる文化の持ち主であるメンバーから構成される多文化グループワークを通じて、課題を協働で遂行する形で、言語文化の相互理解が行われていた。そのプロセスでは、異文化コミュニケーションを通じて、「言語」と「文化」が統合的に理解されていた。そして、メンバーはグループワークを通して、個人レベルおよび集団レベルの言語文化という知識を獲得しながら、自らの「セルフ・ナレッジ」を豊かにしていった。早稲田大学活動型教育における多文化グループワークは、「表現する」→「共有する」→「統合する」→「内省する」の循環のプロセスを反復するという点で共通していた。

・「表現する」

このフェイズ（phase）では、学習者やファシリテーターは、自分のセルフ・ナレッジからクラスのテーマに関する暗黙的な文化的知識を言語に転換した。ここでは、グループのメンバーは個人レベルの文化的知識に基づき、それぞれ異なる理解と行動規範を明示化した。特に、ファシリテーターはグループメンバーだけではなく、グループワーク全体の雰囲気を観察誌にまとめ、グループディスカッションの場づくりを仕掛けた。学習者は、授業中のグループディスカッションとBBSでの書き込みという二つの交流の場で意見の伝達が求められた。要するに、このフェイズではセルフ・ナレッジの個人的文化的知識が個人的言語的知識に転換された。

・「共有する」

このフェイズでは、学習者とファシリテーターを含むグループメンバーが「表現する」フェイズでできた個人的言語的知識を共有し、合意を求めた。異なる意見のぶつかり合いは「共有する」フェイズでよく現れた。異なる意見との対比から自分の意見がより明確になり、互いに共有

することを繰り返して、グループの意見ができあがった。要するに、このフェイズでは個人的言語的知識が社会的言語的知識に転換された。

・「統合する」
　本研究の多文化グループワークにおいては、対話はグループディスカッションやインタビューなど「直接対面の対話」と、BBSや観察誌などの文字によるやりとりの「バーチャルな対話」の2種類があった。両者とも、人の意見を引き出し、自分の意見と「統合する」という点で共通しており、〈対話〉的な営みが行われている。他者から得た異なる意見あるいは気づきが、既存のセルフ・ナレッジと統合され、新たな考えが生まれていた。話し相手のセルフ・ナレッジとグループの既存の統合知の相互作用による相乗効果で、新たな統合知が創り出された。そして、このフェイズでは、意見交換に伴って、メンバーの異なる「個人の文化」という文脈的知識を認識した上で、グループの強いつながりができた。要するに、このフェイズでは、既存の統合知としての社会的言語的知識と個々のセルフ・ナレッジの相互作用により、グループで合意された社会的文化的知識が創り出されている。

・「内省する」
　このフェイズでは、「対話する」フェイズで創り出された社会的文化的知識を、個々のメンバーが内面化して、自分のセルフ・ナレッジと相互作用させながら、新たな個人レベルの文化的知識を獲得した。学習者は、ファシリテーターや教師からの助言と問いかけによって内省が深まり、新たな文化的知識を獲得した。そのように、他人の意見と統合したり、またそれに基づいて内省したりする行為はメンバーの参加意識の強さによるところが大きいので、個々のグループワークに対するモチベーションが重要なファクターとなった。他のメンバーとの相互作用により、異なる文化的知識を相互に補完することが求められた。要するに、このフェイズでは、メンバーは合意された統合知を共有しながら、個別のセルフ・ナレッジに合わせる形で、実践的な個人的文化的知識を創り出したのである。

さらに、再び「表現する」段階に入り、そこで新しい個人的文化的知識を言語に転換することで、自分の考えがより明確になり、言葉で表現し、口頭でディスカッションしたり文字化したりして共有し、次の循環に入る。したがって、メンバーの知識の変化がグループの課題の達成に欠かせない。このディスカッションを中心とする活動型クラスでは、メンバー一人ひとりの異なる個別性に対応する学びの〈場〉が提供され、そのプロセスで生み出された新たな言語的知識と文化的知識が学習者のセルフ・ナレッジを豊かにしていく。

　多文化グループワークによる言語文化の相互理解教育は、常にグループメンバー一人ひとりのセルフ・ナレッジを共有・活用・更新していた。しかし、知の共有の程度は各フェイズで異なっている。「表現する」フェイズでは、学習者とファシリテーターは、個々の文化的背景に基づき、新たな言語的知識を創り出した。「共有する」フェイズでは、グループディスカッションによってメンバーごとに異なる知識を共有するが、学習者とファシリテーターはそれぞれ自分の気づきを創り出した。「統合する」フェイズでは、メンバーたちは、異なる文化の違いを認識しながら新たな統合知を創り出した。同時に、ファシリテーターと教師もクラスを観察しつつ、自分の経験知と統合して、ファシリテーションの知識を得た。「内省する」フェイズでは、活動から得た気づきやグループディスカッションからまとまったグループの意見をグループメンバーは共有したが、新たな文化的知識はクラス参加者一人ひとりが創り出していた。

7.2　理論的含意：多文化グループワークの *ASCI* モデル

　本節では、先行研究レビューと早稲田大学大学院日本語教育研究科・細川英雄教授の活動型教育の事例分析から得られた知見を基に、多文化グループワークによる異文化理解教育のモデルを提示する（図7-1参照）。このモデルは、多文化グループワークの知識プロセスを説明するものであり、「言語化」、「共同化」、「統合化」、「内面化」の四つのフェイズからなる。四つのフェイズがスパイラルに展開することで、学習者は言語文化を理解し、セルフ・ナレッジが豊かになっていく。以下、各フェイズを説明する。

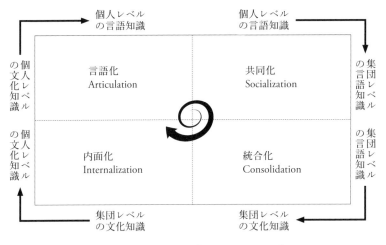

図7-1　多文化グループワークのASCIモデル

・「言語化 (Articulation)」のフェイズ

人は同時に複数の集団に属しているので、その複数の集団文化を内面化して個人の文化とする。個人の文化とは、内面化された国家社会レベルの国民文化や複数の集団レベルの文化におけるその人に固有の「構成配置 (idiosyncratic configuration)」のことである。各グループのメンバーはそれぞれ異なる「個人の文化」を持っている。その「個人の文化」に基づいて意見を言うことは、個人の文化の「言語化」である。「言語化」のフェイズでは、暗示的・暗黙的文化が明示的言語に創造される。

・「共同化 (Socialization)」のフェイズ

グループは「人が集まり、知識や経験、気持ちを共有する場」であり、グループワークにおいて、協働は一番重要な原動力である。個人レベルの文化を基にした意見を言語化し、集団で共有されることを通じて、「私の関心」は「私たちの関心」になり、集団の共通関心になる。それは、個人レベルの知識の「共同化」である。それによって、集団内でのつながりが強まり、帰属感が生まれる。帰属感はグループワークを促進するものとなる。「共同化」のフェイズでは、個人の言語的知識が集団的な言

第7章　多文化グループワークのASCIモデルと実践的モデル

161

語的知識となる。

・「統合化（Consolidation）」のフェイズ
　グループのメンバーは、「言語化」と「共有化」のフェイズで獲得した新たな知識を既成の知識と統合する。すなわち、グループディスカッションから得た気づきを、自分の活動から得た気づきと統合する。例えば、インタビューの答えを単にまとめるだけでなく、自分の考えが見えるようにインタビューの結果を整理する。このように、グループメンバーおよびメンバー以外の人と対話するとき、自分の意見と相手の意見が統合され、共通意見が生まれ、新たな気づきを得る。「統合化」フェイズでは、言語的知識から対話の相手と共通する暗示的・暗黙的な文化的知識を得ることが多い。

・「内面化（Internalization）」のフェイズ
　「統合化」のフェイズで得た対話の相手と共通する暗示的・暗黙的な文化的知識を、自分の固有の文化に当てはめながら内省する。内省を通じて、他人から得た文化的知識を内面化し、自分の新たな意見を創り出す。そして、グループで共有された社会的な文化的知識が個人レベルの文化的知識になる。「内面化」のフェイズでは、メンバーの考えが生まれるので、セルフ・ナレッジの変容に最も関わっている。

　従来の状況的学習論は、ある職業集団などのほぼ同質的なグループにおける参加や協働を通じて、同質的な知識が共有されることを発見して、それを学習の型として記述した。それに対し、ここに提示した多文化グループワークにおける知識プロセスのASCIモデルは、異質なメンバーから構成されるグループの参加や協働を通じてグループメンバーの異質な文化という知識が共有され、相互作用する過程で新たな知識が創造されるという現象を説明するものである。
　本研究から明らかになったように、言語と文化は、セルフ・ナレッジとして統合される。「言語と文化はコインの両面」というメタファーの「コイン」は、「セルフ・ナレッジ」なのである。言語的知識と文化的知識は、セルフ・ナレッジの異なる側面である。言語文化という知識は人

と人の直接的な相互作用を通じて創造される。言語的知識は暗黙的な要素として文化的知識を含んでおり、暗黙的な文化的知識は言語的知識によって明示化されて効率的・効果的に共有される。多文化集団のメンバーは言語文化を統合的に習得すると同時に、セルフ・ナレッジを豊かにしていく。また、多文化グループワークでは、通常のグループワークよりもさらに高い語学力とコミュニケーション力が必要とされるため、参加者の主体性・協調性・チャレンジ精神などが育まれる。また、多文化コミュニケーションは、自分の文化（アイデンティティ）に対する深い気づきを与える。

7.3 実践的含意：多文化グループワークによるクリエイティブ・ラーニングの実践的モデル

　グローバルな知識社会においては、複数の異なった言語と文化を持つ人たちから構成される多文化グループが存在する。この多文化グループにおける相互作用がもたらす創造性やそれによるクリエイティブ・ラーニングは、近年ますます注目されるようになってきている。多文化グループワークはビジネス、教育、科学技術などの分野で広く見られるようになった。本研究で構築されたモデルは、第二言語教育のみならず、ビジネス、科学技術などにおける多文化グループワークを理解し説明するために幅広く応用し得るだろう。

　異文化理解のクラスは、異なるセルフ・ナレッジの持ち主である学習者によって構成されおり、学習者一人ひとりが尊重されねばならない。そこで、学習者一人ひとりの「顔が見える」第二言語文化教育としての日本語教育を提案したい。これまでは、異文化理解のための第二言語習得の対象となる知識は、ことばに関する知識と文化情報に関する知識とが切り離されて教授されてきた。そこでは、言語的・文化的知識が国民文化レベルで静態的に捉えられ、学習者個人のセルフ・ナレッジが無視されていると言えよう。「多言語・多文化」共生社会の21世紀は、知識社会とも言われている。このグローバルな知識社会においては、異なった言語と文化を持つ人々の相互作用が知識創造にとってきわめて重要である。

　学習者のセルフ・ナレッジを重視する教育は、「学習者を放任する」教

育ではない。本書で明らかにしたように、学習者主体の方針を保ちながら、クラス活動を常に見守り、経験知を活かして、活動の要所要所で問いかけを行ったり、活動のツール（BBSなど）を勧めたりして、学習者の知識創造を導いていく「ナレッジ・リーダー」としての教師の存在が非常に重要である。そして、ファシリテーターは、グループワークの「場づくり」という重要な役割を果たしている。もちろんファシリテーターはダイナミックな存在である。教師がファシリテーターになってもいいし、学習者からファシリテーターが自然発生し「場づくり」を仕掛けてもいい。学習者の「顔が見える」教育とは、「ナレッジ・リーダー」としての教師やファシリテーターによって、学習者のセルフ・ナレッジが引き出され、クラス全員の相互作用を通じて、それを豊かにする教育である。

　学習者のセルフ・ナレッジを重視する教育は、「多言語・多文化」の共生社会に適応する人材育成につながる。今まで言語的知識と文化情報を切り離して行われてきた日本語教育は、ステレオタイプの罠に陥りやすく、かえって多文化交流の障壁になる恐れがある。多言語・多文化の共生社会を構築するには、まずステレオタイプを壊す作業が必要である。セルフ・ナレッジを重視する教育は、国・民族・社会を静態的に捉える視点から離れて、個人・個人の言語文化を尊重する視点に基づいている。多文化グループワークはバックグランドの異なる人たちが集まり、行動規範となるような文化的知識をともに創造し、それによってグループワークを達成させるのである。したがって、個人尊重は、多言語・多文化の共生社会を構築するための基本になると考えられる。

　多文化グループワークを重視する教育は、幅広い領域で実践できる。図7-2で表されるように、ナレッジリーダーとしての教師とファシリテーターの触発と支援のもとで、多文化グループワークは「表現する」→「共有する」→「統合する」→「内省する」のスパイラルで行われる。このようなスパイラルを経験することこそが、クリエイティブ・ラーニング（創造的な学習）につながるのである。こうした多文化グループワークを通して、グループメンバーが言語的・文化的気づきを得て、メンバー間の相互理解ができるようになり、それぞれのセルフ・ナレッジが豊かになっていく。さらに、グループワークに参加することで、言語的・文

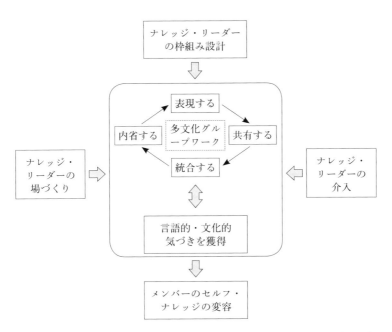

図7-2 多文化グループワークによるクリエイティブ・ラーニングの実践的モデル

化的知識を統合的に獲得しながら、その一部を自ら創造していく。こうしたことがグループワークを通して集団の中で起こっていく。学習者のセルフ・ナレッジを重視し、言語的・文化的知識を統合的に理解する教育は、日本語上級レベルのクラスのみならず、初級レベルからも幅広く実践できる。海外の日本語教育においても、日本人留学生と地元の日本語学科の学生を一つのクラスに統合して、多文化グループワークの活動型の教育を実践することが可能だと考えられる。

7.4 ASCI モデルと SECI モデル[1] の差異

近年、国際的なプロジェクト活動や組織間知識創造に関する研究が増えてきており、それらは野中の組織的知識創造理論、特にSECIモデル（野中・竹内1996）を使って説明しているものが多い。しかし、SECIモデ

ルでは、作業空間の共有が、すなわち、暗黙知の共有達成につながるといった（例：ハイコンテキストの日本企業）共同化フェイズから始まっている。したがって、この段階で必ずしも言語化を必要としないのに対して、現実の多文化グループでは英語（本書の事例では日本語）という共通語が存在し、自分の思いをその共通語で表明することから共同作業が始まるのが普通である。さらに、異なる言語的・文化的知識を持つ人々の間では、知識共有のベースとなる共通の言語文化がないので暗黙知の共有が非常に難しい。つまり、多文化グループワークは、暗黙知を共有する共同化から始まるというよりは、暗黙知の表出化フェイズである言語化から始まると考える方が、現実を説明しやすいのである。

　したがって、本書が提示するASCIモデルは、SECIモデルとは逆に、言語化（Articulation）のフェイズの後に共同化（Socialization）のフェイズを置いている。実は、直接対面のリアルな場では、言語化される形式知とその背後にある暗黙知が同時に共有されており、言語化と共同化が同時に起こっていると考えられるが、近年はeメールやボイスメール（本事例ではBBS）などで時差を置いて共同化が起こることが多いので、言語化の後に共同化を置いている。その後は、共有された言語で表現された情報・知識を合わせて、グループレベルの文化的知識（世界観や行動規範）が創られる統合化（Consolidation）のフェイズと、世界観と行動規範を活用しながら咀嚼して自分のものとしていく内面化（Internalization）が続く。このモデルによって、ビジネス、科学技術、教育分野などにおける多文化グループワークを、より現実に即した形で説明できると考える。

7.5　本章のまとめ

　第7章では、これまでの論述で明らかになった知見を整理し、メジャー・リサーチ・クエスチョンと三つのサブシディアリー・リサーチ・クエスチョンに答える形で発見事項をまとめ、多文化グループワークのASCIモデルと実践モデルを構築した。

　SRQ1「多文化グループワークにおいて、メンバーはいかに学んだのか」という問題に対しては、学習者は「表現する」→「共有する」→「統合する」→「内省する」のスパイラルで学んだという答えを得た。自分

の考えや既有知識を言葉にして他人と共有する。そして他人の意見を統合したうえで、さらに内省して新たな意見やアイディアを生み出す。そのプロセスが活動になり、学習になる。次に、SRQ2「多文化グループワークにおいて、メンバーはどのように変化したのか」という問題に対しては、メンバーは個人レベル・社会レベルの言語的・文化的知識に変容が見られたという答えを得た。そして、それを通じてセルフ・ナレッジが豊かになったことがわかった。第三のSRQ3「多文化グループワークにおいて、ファシリテーターと教師はいかにグループワーク活動を促進したのか」という問題に対しては、「ナレッジリーダー」の概念を取り上げて、教師とファシリテーターのグループワークの「場づくり」を仕掛けることが主な役割である、と見ている。最後に、MRQ「早稲田大学活動型教育において、多文化グループワークはいかに行われたのか」という問題に対しては、グループワークのプロセスである「表現する」→「共有する」→「統合する」→「内省する」のスパライルをASCIモデルに抽出して答えた。すなわち、教師とファシリテーターの促進のもとで行われている多文化グループワークには、「言語化 (Articulation)」、「共同化 (Socialization)」、「統合化 (Consolidation)」、「内面化 (Internalization)」のスパイラルがある。まず個人レベルの暗黙的文化的知識が言語化され、その後グループでその知識を共有 (共同化) する。共有した知識をメンバー間で統合し、グループレベルの行動規範などの知識が創られる。そして再び内省 (内面化) して自らのものとすることによって、新しい個人レベルの知識となる。多文化グループワークにおいて、知識の活用・共有・創造のプロセスが行われていたのである。

　本章の最後では、ASCIモデルにおける教師とファシリテーターのナレッジリーダーとしての役割に着目し、「多文化グループワークによるクリエイティブ・ラーニングの実践モデル」を提示した。多言語・多文化共生社会において、文化を国レベルで静態的に捉える視点から離れて学習者一人ひとりのセルフ・ナレッジを重視する教育法を提唱した。

注　[1]　｜　図1-3参照。

第8章 多文化グループワークの現在とこれから
——九州大学での教育実践に基づいて[1]

　前章までで、大学の教育現場における多文化グループワークを知識の創造・共有・活用の視点から考察し、グループメンバーの言語・文化に関する知識変容のプロセスおよび教師・ファシリテーターの役割を明らかにした。これらの研究成果に基づいて、筆者は、留学生と日本人学生のClass Share（混成クラス）でASCIモデル（第7章図7-1参照）による多文化グループワークを行う教室をデザインし、2014年度より九州大学の基幹教育の総合科目「知識創造のためのコミュニケーション」を開講した。本章では、大学の教育現場で行われる活動型教育における多文化グループワークに着目し、そのグループワークのメンバーである学生の自己成長と、グローバル人材育成の三要素を結びつけて考察し、多文化グループワークによるグローバル人材の育成の可能性および多文化グループワークの特徴と今後の応用方針を示してみたい。

8.1　多文化グループワークによるグローバル人材の育成の可能性

　ヒト・モノ・カネ・情報などがかつてないスピードで地球規模に行き交う「グローバル時代」において、世界で活躍できる「グローバル人材」が強く求められている。パナソニックや楽天といった多数の日本企業が「グローバル採用枠」を設けて外国人を大量に雇用しており、他の日本国内の多くの企業も多文化コミュニケーションの問題に直面している。大学の教育現場においては、「留学生30万人計画」の実現と、留学生を惹きつける魅力ある大学づくりを目指して、国際化の拠点となる大学を選定し重点的な育成を行う「国際化拠点整備事業（グローバル30）」が平成21年度から実施されてきている。さらに、文部科学省は平成24年から

「グローバル人材育成推進事業」を設けるなど、「グローバル人材」の育成に力を注いでいる。文科省の「グローバル人材育成推進会議　中間まとめ」では、グローバル人材としての三要素は、1．語学力・コミュニケーション能力、2．主体性・積極性、チャレンジ精神、協調性・柔軟性、責任感・使命感、3．異文化に対する理解と日本人としてのアイデンティティとされている。文部科学省は平成26年度に「スーパーグローバル大学創成支援」事業を創設し、全国37校程度を「スーパーグローバル大学」に指定、大学教育のグローバル化を進めようとしている。日本の大学の国際競争力の向上を目指し、またグローバルな舞台で活躍できる人材を育てることが目的である。これからの大学は、確実に多文化共生の環境になっていくだろう。

8.1.1　グローバル人材の育成は英語力の向上のみでは達成されない

　グローバル人材育成には英語力を高めることが重要だと言われるが、これまでの英語教育および異文化理解教育ではグローバル人材を育成するには不十分である。なぜなら、それらの教育によってたとえ語学力・コミュニケーション能力および異文化理解能力が高まったとしても、それだけで主体性やチャレンジ精神、協調性などグローバル人材の2番目の要素を高めることは難しいからである。上記の三要素をバランス良く育てる「グローバル人材」育成のモデルは未だに確立されていないのが現状である。

　こうした現状に対し、多文化グループワークを、グローバル人材の育成教育を統合的に行う方法として提起したい。多文化グループは、グローバル人材が実際に社会で働いている環境であることからしても、多文化グループワークを大学教育に組み入れていくことの重要性が理解できよう。近年大学の教育現場ではグループワークの実践と研究が盛んである。グループワークは平等な思想を育み、多様な現実と真理を理解する上で役立つ（De Vita 2005）。また、グループワークは自他交流の促進、自己理解および自己開発の面において重要な役割を果たしていることが検証されている（佐々木2009）。しかし、多文化グループワークに関する研究は日本国内では少ない。職場におけるグローバル人材の多文化グループワークはどのような特質を持っているのか、また教育現場におけるグ

ローバル人材育成にどのような働きを果たしているのかなど、未解決な課題が多く残されている。

　総合活動型クラスにおいて学習者がどの程度セルフ・ナレッジを豊かにできるかは、グループの活動のあり方に多くを依存する。グループは「人が集まり、知識や経験、気持ちを共有する場」(ホスピスケア研究会2005: 95)であり、グループワークの最も基本的なプロセスは相互作用である。相互作用は言葉や身振りを通じてだけではなく、スピーチや行動の形では表現されない思考プロセスや感情を通じたものも含んでいる。さらに、グループの基礎を形成しているのは「共有する」という考え方である。知識を共有するとき、同じ境遇の人々は互いに親近感を持ち、他者の経験をあたかも自分自身のもののように受け入れる力を与えられる(ダグラス2003)。グループワークの相互作用には、「場」が必要である。「場」とは、人々が参加し、意識的・無意識的に相互に観察し、コミュニケーションを行い、相互に理解し、働きかけあい、共通の体験をする、その状況の仕組みのことである(伊丹・西口・野中2000)。知識創造の「場」をつくり出し、それを活性化・持続化させ、他の「場」と連携し、知識変換プロセスをリード、促進していくナレッジ・リーダーシップが求められている。

　筆者は以上の視点に基づいて、特に複数の異なる言語と文化を持つ人々で構成されるグループワーク、すなわち、多文化グループワークの効果に注目し、多文化グループワークのプロセスモデルASCIモデルを構築した(第7章図7-1参照)。多文化グループワークにおいては、個人レベルの暗黙的な文化的知識が、言語化されることを通してグループで共有され、メンバー間の統合によってグループレベルの知識が創られる。そして、内省により内面化されることで、新しい文化が再び個人レベルのものとして構成される。つまり、教師とファシリテーターの触発・支援のもとで行われている多文化グループワークには、「言語化(Articulation)」→「共同化(Socialization)」→「統合化(Consolidation)」→「内面化(Internalization)」のスパイラルがある。

　多文化グループワークでは、通常のグループワークよりもさらに高い語学力とコミュニケーション力が必要とされるため、参加者の主体性・協調性・チャレンジ精神などが育まれる。そしてこのような多文化コミ

ュニケーションは、自文化（アイデンティティ）に対する深い気づきを与える（Li & Umemoto 2013）。また、教育の現場で実践されている多文化グループワークは実社会のコミュニティにおける多文化グループワーク（会社における日本人社員と外国人社員との協働、地域社会における日本人住民と外国人住民との協働など）をシミュレートしたものであるという側面を持っており、教室と社会のギャップを埋めることができると同時に、言語能力、自己認識、社会認識、行動規範、帰属感、自己の位置づけというセルフ・ナレッジも豊かにする（李2011, Li & Umemoto 2013）。このように、多文化グループワークは語学力・コミュニケーション能力だけでなく、グローバル人材に必要な要素の2（主体性・協調性など）と3（異文化理解力など）の育成にもつながるものであり、多文化グループワークにより上記の三要素がバランス良く育つことが期待できる。

8.2 九州大学基幹教育の事例研究

8.2.1 事例研究の概要

前節までに述べたように、多文化グループワークにおけるグローバル人材としての三要素の獲得を、知識科学の視点で分析することは有効だと考える。「人はだれしも、この世界とつながろうとして知識を蓄積し、再生産を繰り返しながら環境の変化に対応していく。そのプロセスは知識創造である。知識創造を支えているのはコミュニケーションである」（筆者の担当科目シラバスより）。

勤務校で筆者が担当している基幹教育総合科目の「知識創造のためのコミュニケーション」は、2014年後期、2015年以降毎年度の前期に開講され、全15回、2単位の留学生と日本人学生のClass Share（混成クラス）である。受講生はほぼ学部一年生のため、これまでの受験勉強中心の学習スタイルと大きく異なる活動を急に始めるのは多少の弊害を伴うのではないかと考え、全期間を活動型で行うのではなく、講義型と活動型を合体させた実践を行った。まず、第1回から5回目までの講義で、知識科学の観点から「言語」・「文化」・「コミュニケーション」の概念とそれらの関係、そして活動型授業の進行のあり方および活動型授業への参加にあたって求められる自律学習のやり方等について講義した。教師側の意

図8-1　クラス活動の流れ

図は、「正解のない問題」に学生に慣れてもらい、議論のウォーミングアップを目指すことである。

その後6回目から15回目にかけては、学習者が自分の将来や職業などを構想し、この世界とつながるにはどのように知識創造をしなければならないかについて議論していくという枠組みである。そして、ASCIモデルに基づいて以下の流れでグループワークが行われるようにデザインした（図8-1参照）。まず「世界とつながるとはどんな意味か」について議論をさせ、各グループが自分たちの活動テーマを見つける（ASCIモデルの「言語化」「共同化」に当てはまる）。次に、「世界につながるためにどうしたらいいか」という問いから得たグループごとの活動テーマに沿って、インタビューやアンケートなどの調査方法によって何らかの答えを明らかにする（ASCIモデルの「言語化」「共同化」に当てはまる）。その調査結果に対して、「自分はどう捉えるか」という課題で、クラスのテーマを再度学生個々人に戻す。自分の考えたこと、グループで調査した結果、そして皆で議論したことを統合して、自分としてはどんな認識が生まれたかを考える段階である（ASCIモデルの「統合化」に当てはまる）。最後に、このクラスを通じてどんな「自己成長」が達成できたか内省させる（ASCIモデルの「内面化」に当てはまる）。

本章が事例研究とした2014年度後期クラスの構成はメンバー22人（日本人学生14人、中国人留学生8人）であり、国籍、学部、性別などのバランスが取れるように四つのグループに分かれた（図8-2参照）。

これらの四つのグループはそれぞれ以下のような活動を行ってきた。Aグループはまず「世界とは何か？」「どんな時もっともつながっていると感じるか？」について考えて議論し、その後「世界とつながる手段は

・日本人学生：14名　一年生
　文学部、理学部、工学部、
　医学部、芸術工学部、経済学部
・中国人留学生：8名
　大学院の交換留学生：4名
　研究生：4名

図 8-2　2014年度後期「知識創造のためのコミュニケーション」クラスの構成[2]

何か？」という問いについて留学生と日本人学生を対象に50人ずつアンケート調査を実施した。回答は上位から、①SNS、②芸術（音楽、絵画を含む）、③しゃべること、④本であった。Bグループは「世界」とは何を指すのか、つまり「世の中」なのか「グローバル社会」なのかについて議論し、世界とは結局「2人以上の人が集まって相互に結びつけばそれが社会」であり、「社会とつながっていくには」人付き合い、つまり「コミュニケーション」が必要だという結論になった。ここから、年代（上・下・同年代）と国（外国・国内）の視点で人とのコミュニケーションをうまく取れるように「初めて会う人に近づくためには、どんな話題を選ぶか？」という問いについてアンケート調査を行った。Cグループは議論を通じて「今世界ではLINEやFacebookなどの様々なSNSが利用されているから色々な世界の近況や情報を得ることができる。つまり世界はSNSによってつながっている」という結論に辿り着き、SNSと世界の関連性について調査を行った。Dグループは「世界につながるものって何だろう」、「言語、言葉をこえるものとは何か？」という問題を考えた。バックグランドの異なるメンバーから挙げられた結果は「音楽、映画、アニメ」だったため、「世界につながっていくものはメディア（音楽、映画、アニメなど）である」という仮説を立ててアンケートやインタビュー調査で検証した。

　すべてのアンケート調査とインタビューは課外活動として行われ、授業の場はグループでの議論や、クラスへの報告の時間に充てた。課外活動の多さから、クラスで情報共有ができるように、筆者がFacebook上で

当科目のコミュニティを作成し、毎回の進捗状況を報告するよう義務づけた。また毎授業後、学生の「気づき」をアンケートに記入させ、さらに中間レポートと期末レポート、グループ発表を課した。科目担当教員(筆者)は全受講生からこれらのデータの使用許諾を得た。

8.2.2 *Class Share* クラスにおけるメンバーの自己成長

　日本人学生と留学生のClass Shareについて、従来の研究では、留学生は日本人学生との協働活動を通じて日本語力および日本文化社会への理解度が高まるのに対して、日本人学生は留学生の学習を促す補助役を務め、自他の文化への学習の動機づけと留学生への支援意欲が高まったという報告が得られている(高濱・田中2007, 園田他2006)。しかし筆者は、日本人学生は留学生の単なる補助役ではなく、留学生と同じような主体的な参加者であると位置づける。その上で日本人学生がClass Shareでグループワークを通じて何を学び、どのように成長しているかという、日本人学生を含めた学生全員の自己成長について考察を進める。

　予想した通り、ほぼ全員の留学生が日本語力の向上、つまり日本語の表現が豊かになり、語彙量と会話力が上がったとレポートに書いた。一方日本人学生の自己成長に関して、予想外のコメントがあった。「最初にこの少人数セミナーを選んだときタイトルからしてなんかいっぱい話し合ったりするだけで正直そこまで面白くないんだろうな」と思ったが、「しかし、実際に活動に取り組んでみると個性豊かなグループのメンバーに恵まれとても有意義な少人数セミナーの活動になった」(CグループIさんのレポートによる)。日本人学生はまず、留学生の必死に授業に取り組む意欲に感心しており、そこから「自己認識」の変容が見られた。

> 中国人留学生たちは、日本語をある程度は話せるが、流暢と言えるほどではない。しかし、<u>必死に議論に取り組み、また自分自身の考えを私たちに伝えようと日本語で頑張って話してくれる。その姿には、私は毎回圧倒される。</u>その姿はグローバル社会といわれる現代において大切であると思う。私も彼女たちを見習って、もっと外国語の勉強を頑張ろうと思う。　　　　(AグループFさんの期末レポート)

最初は、話し合いの時、他の皆に比べて私の発言は少し少なかったように思えるのだが、<u>毎週話し合いを行うなかで、だんだんと発言が増えてきた。この授業のおかげで、発言に対する苦手意識も前よりはなくなってきた</u>ように思う。　　（CグループMさんの期末レポート）

　また、コミュニケーション・スキルの向上が履修の目的だとアンケート調査に書いた学生が多かったが、コミュニケーション・スキルについての理論的な説明は、この授業では一切触れなかった。協働で課題を完成させることを通じてコミュニケーションについて考えさせ、そのスキルを体得してもらう意図があったためである。「文化の違いや言語の違いというのは確実に存在するものなので、その辺りも気を使うポイントだったかなと思う。(授業が)終わった今ではそのようなことは微塵も感じない。そして、何回か授業に参加し、接する機会が増えるにつれて文化や言語の違いもあまり感じなくなった」(DグループKさんの期末レポート)、「人の意見を聞いたり考えたりしてまた発言するようになった」(DグループKさんの中間レポート)、「言い換えたりして、ジェスチャーによって話が通じた。人の話を意識的に待てるようになった」(AグループFさんの中間レポート)という学生もいた。

　さらに、「正解のない問題に取り組むということをあまりやってこなかった自分にとってこの講座は新鮮だった」(BグループKさんの期末レポート)という意見や「今まで自分が常識だと思っていた行事や行動について、留学生の人と話してみると、それが日本独特のものだったことがわかったりした」(DグループのKさん期末レポート)という意見も見られた。

　クラス全員の自己更新、学生のセルフ・ナレッジの更新を明らかにするために、当クラスで得た質的データを修正版グラウンデッド・セオリー・アプローチ（M-GTA）の手法で分析した。まず、テキストデータをオープンコーディングし、次に、コーディングによって生成された概念を「言語力」、「言語伝達」、「社会認識」、「自己認識」、「「当たり前」を見直す」、「コミュニケーション・スキル」、「調査法の学習」などのカテゴリーにまとめた（表8-1参照）。これらの概念は、日本人学生を含めた学生全員がグループメンバーとの協働活動を通じて得たセルフ・ナレッジの変容であり、自己成長の概念である（李2016a）。

表8-1 学生の自己成長[3]

セルフ・ナレッジ	内容	コード
個人レベルの言語的知識	言語力	・日本語は難しい　J ・日本語の表現、若者言葉、方言を学んだ　C ・聴解力・語彙量・会話力が良くなった　C
集団レベルの言語的知識	言語伝達	・日本語をいかに簡単に話すか、相手に伝わるかを深く考えさせられた　J ・言葉は目に見えないものであるのに目に見える形で人に影響を及ぼす　J
個人レベルの文化的知識	社会認識	・自文化に誇りを持ちつつ、異文化を尊重　J
	自己認識	・性格がちょっと明るくなった　J
	「当たり前」を見直す	・この授業を受講して今考える、わたしにとってのことばや文化というものはある適用範囲内での「あたりまえ」　J
	コミュニケーション・スキル	・言い換えたりして、ジェスチャーによって話が通じた人の話を意識的に待てるようになった　J ・相手の意図を考えるようになった　J
集団レベルの文化的知識	社会認識	・体の中に直接日本の文化として吸収された暗黙知だった　J
	「当たり前」を見直す	・謙遜な意識があるから、日本人はよく授受関係の表現を使う　C ・文化は便利な言葉だけれど奥が深くて難しい　J
	コミュニケーション・スキル	・コミュニケーションは、ことばなしの身振り、表情、声などのみの世界だから、むしろことばは「伝える」手段としては弱いものなのかもしれない　J ・互いの共通点をさがして、それを切り口として話をする　C
	帰属意識	・グループで良い人間関係ができた　J
その他	調査法の学習	・アンケート調査のやり方はよくわかった　J

8.2.3 留学生と日本人学生の自己成長についての考察

前述したように、従来日本人学生は留学生の学習の補助役と報告されていたが（高濱・田中2007, 園田他2006）、クラスの実際の活動を観察すると、留学生も日本人学生もグループの一員として平等に参加していた。留学生は言語力の向上と自己の文化の気づきについて意識した。それに対して日本人学生は、自己認識・社会認識や自分と他者の関係およびメタ認識において、多くの気づきを得、自己成長につながっている。表

8-1では、「個人レベルの言語的知識」、「集団レベルの言語的知識」、「個人レベルの文化的知識」、「集団レベルの文化的知識」と四つのカテゴリーに学生の自己成長をまとめた。本研究では、言語的知識とは、ある言語の文法、語彙の意味、語彙の使い方についての知識、読む・書く・話す・聞く能力、言語で表現され記憶されている知識であり、文化的知識とは、自分をどう見ているかという自己認識、世界をどう見ているかという世界観、どう行動しているかという行動的慣習、どう行動すべきかという行動的規範であると定義している。九州大学基幹教育での教育実践では、言語的知識における自己成長は、留学生の日本語力の向上だけではなく、日本人学生の「日本語は難しい」という見直し、また言語伝達の視点から、言葉とはどんなもので、どのように使ったら伝わるかについて議論し考えが深まった点に見られる。文化的知識における自己成長としては、自文化に誇りを持ち、他文化を尊重する見方が生まれ、そして行動規範としてのコミュニケーション・スキルの上達も見られた。これはまさにグローバル人材育成の「3. 異文化に対する理解と日本人としてのアイデンティティ」を反映している。本クラスにおける学生の自己成長は図3でまとめる（図8-3を参照）。

　これまでの活動型教育（細川 2002b, 2007）に対し、本事例における講義型と活動型の合体の形は新たな試みである。受験勉強中心の学習を脱出したばかりの大学一年生、講義中心の海外の日本語教育の現場から日本

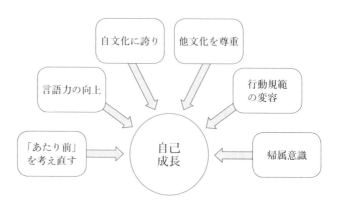

図8-3　Class Share クラスにおける学生の自己成長

に来たばかりの留学生の双方にとって、講座前半部の講義型は「正解のない問題」が学生に議論の素材として提供されることで、本格的なグループワークのウォーミングアップとなった。同時に、いわゆる「グローバル人材」に必要なコミュニケーション能力について、難解な理論に触れずに実践を通じてそのスキルを身につけることが本講座のもう一つの特徴と言える。「講義を受けて、コミュニケーションがどれだけ大切かを学んだ。(中略)グループ討論のときはメンバー全員が自分の考えや意見を自由に述べ、たくさんの情報がグループ内で行き交った。そしてそれらの情報をみんなでまとめてテーマへの結論をつくり出すことができた。これこそが「知識創造のためのコミュニケーション」といえる」(CグループAさんの期末レポート)。「「知識創造のためのコミュニケーション」と聞くととても複雑で難しいものに思われる。しかし講義を通して、私たちが普段から行っていることが「知識創造のためのコミュニケーション」となりうるのではないか」(AグループYさんの期末レポート)。このような多文化グループワークはクリエイティブな議論力、クリティカルな思考力の鍛錬の場となり、グローバル人材育成という観点から今後ますます必要となる。

8.3 教育実践から活動型教育の問題点および存在条件を見直す

前述したように、「知識創造のためのコミュニケーション」の受講生はほとんどが学部一年生なので、これまでの受験勉強中心と違っていきなり活動するのはギャップが大きすぎるのではないかと考え、講義型と活動型を合体させた実践をした。すなわち、5回目までの講義で、知識の観点から「言語」・「文化」・「コミュニケーション」それぞれの概念およびそれらの関係を講述した。そして、活動型授業の進行のあり方および活動型授業に参加する際に求められる自律学習のやり方などについて講義した。その後6回目から15回目にかけて、そこで、学習者が自分の将来や職業などを構想し、この世界とつながるにはどのように知識創造をしなければならないかについて議論していくという枠組みである。

日本人学生は留学生の単なる補助役ではなく、留学生と同じような主体的な参加者であると位置づけ、日本人学生が混成クラスでグループワ

ークを通じて何を学び、どのように成長しているかという、日本人学生の自己成長のプロセスについて考察した。その結果として、「世界への認識」、「「当たり前」を見直す」、「工夫した伝え方」、「人間の柔軟度」、「調査法の学習」などの面において自己成長が見られた。「正解のない問題に取り組むということをあまりやってこなかった自分にとってこの講座は新鮮だった」(受講学生の期末レポートより)。議論というコミュニケーションによって、より多くの知識を生み出すことができる。そして、このような知識創造の方法は、生涯考え、実践する価値がある(受講学生の期末レポートを筆者が編集)。

　また、「言語や文化の違いは確実に存在するものなので、その辺りは気を遣うポイントだったが、終わった今ではそのようなことは微塵も感じない」(受講学生の期末レポートより)。異文化理解を求めてこのクラスを受講した日本人学生は、言語・文化という問題以前に、人間として他者に接することが大切だと気づき、言語・文化の違いこそあれ本質的な部分では共通しているという結論に辿り着いた。

　しかしながら、必ずしもすべての学習者においてこのような望ましいセルフ・ナレッジの更新が見られたわけではなかった。日本人受講生2人は欠席率が高く、グループ活動への貢献度はもちろん低く、期末レポートも提出しなかった。また、クラスの四つのグループを観察すると、それぞれ雰囲気が違う。その中で一つのグループはいつも静かに作業しているように見え、積極的なグループ活動がほとんど見られなかった。そのグループのファシリテーター役を務めていた学生へのインタビューを通じて、以下のようなことがわかった。

> (テーマが決まってから、)全員がパソコンの画面を見つめ情報を集めていた。私は班員が何を考えているのか次第に分からなくなってしまい、班内に重苦しい雰囲気が漂っていた。しばらくして私はこのままではプレゼンテーションは完成しないという結論を下した。そのような事態は避けたかったので、<u>私は全員で議論していては話がまとまらないという理由のもと班員の1人だけと全体の構成を考え、それを班全体に提案した</u>。みんなも発表できないのは避けたいと考えていたのだろう。私の案に納得してくれた。　　(学生Iさんへのインタビューによる)

そのグループは、学生Iさんの提案にしたがって、グループで発表できるような内容をまとめたが、それはただの「作業」でほとんどグループレベルの「活動」にならなかった。学生Iさんはそのことを非常に残念に思った。そうなった理由を、彼は期末レポートでこのように分析した。

　　私たちは初めに抽象的なテーマを避けるために具体的な内容に絞っていったが、これが失敗の要因の一つだ。たしかに具体的な内容は初めのうちは議論しやすいが、型が決まってしまっており議論に広がりがなくなってしまい、そのうち行き詰まって議論自体がつまらなくなってしまう。　　　　　　　　（学生Iさんの期末レポートによる）

　コミュニケーションには、気持ちや感情を共有する感情的なコミュニケーションと、考えや視点を共有する思考的なコミュニケーションがあるが、教室活動ではこの2種類ともありうる。思考的なコミュニケーションで互いに自分の見方を話し合い、その上に共通点や新たな見方が生まれる。感情的なコミュニケーションは人間関係作りや、グループの帰属意識の生成に非常に重要である。例に挙げた失敗したグループでは、情報レベルの形式的な議論にとどまってしまい、思考的なコミュニケーションと感情的なコミュニケーションの両方ともうまくできていなかった。ドラッカーの論じた通りに、「コミュニケーションと情報は別物」(Drucker 1974) なのである。したがって、情報を意味づけるコミュニケーションについて、「適切な情報を選び、自分の考えとして整理した上で、単なる情報としてではなく意味づけられた見方として相手に伝えること」という定義を提案する。情報を意味づけるコミュニケーションは、他者と考えや視点を共有することはもちろん、そのプロセスを通じて気持ちや感情も共有可能なので、活動型クラスにおいては、情報を意味づけるコミュニケーションができないと教室が成り立たないと言えるであろう。
　このグループの場合は、時間に追われて、情報をとりまとめることに精いっぱいになってしまったわけだが、概して、情報伝達ができたことに自己満足してしまい、コミュニケーションができていないグループワークがよく見られる。この点が、活動型クラスや交流型クラスにおける最もよく見られる落とし穴なのではないだろうか。伝統的な教育と比べ

ると、活動型教育ではコミュニケーションによる認知レベルの相互作用が重視される。コミュニケーションとは、対人接触の中で相手との「共通の意味を構築する過程」である（八島 2004）。つまり、「共通認識」を作ることである。共通認識と情報共有が混同されるのは、教材を使わないクラスにとって危険である。そこで、活動型教育が成り立つための必須の条件として、以下のことが考えられる。

1) すべての参加者がコミュニケーション計画を作ることが重要である。本当の意味でのコミュニケーション計画は、情報伝達ルールを作るのではなく、何に共通認識を求めるかを定めるものである。例えばグループで議論するテーマを決めることが大切である。
2) 他のメンバーの立場に立ってコミュニケーションする。コミュニケーションは受け手に認められ、期待されてはじめて成立する（Drucker 1974）。すなわち使っている言葉遣いを理解してもらえるか、話の構成や内容をきちんと理解してもらえるか、自分の話は相手に求められているか、といった点について常に自問する姿勢が大事である。
3) 情報を意味づける。情報とは形式であり単なる記号である。記号はそれ自体には意味がなく、人がその記号に意味を与える（池上 1984）。コミュニケーションにおいて、適切な情報を選んで、自分の考えとして整理してから、情報としてではなく、意味づけられた見方として相手に伝える。
4) クラスに参加する高いモチベーションおよび自分を含めたクラス全員に対する責任感を持つ。

また、これまでの主流である講義型教育と比べると、活動型教育には以下のような問題点が挙げられる。

1) 体系的な学習が難しい。第二言語習得はそれ自体に体系があるため、学習者もその体系に従った学習計画で学ぶ方がよりわかりやすい。グループワークなどの形で行われる活動型教室は、前述したように言語的・文化的な知識、特に言語で表現するのが難しい

暗黙的な部分も、活動を行うことを通じて体得できることがある。しかし、第二言語習得における基本的なタスクとしての文字・語彙、文型・文法の体系的な学習が活動型でカバーできるかについては懸念が残る。
2) 学生のモチベーションに左右されることが避け難い。教材を使わない教室はインタラクションやコミュニケーションによって学習が発生する。人とのコミュニケーションを通じて、断片的な知識の量を増やしたり、ある具体的な問題の解法を直感的に体得したりすることができるが、学習者が何らかの原因で意欲が弱くなると学習状況が保障できない。
3) 担当教師が指導する際の手引きが決まっていない。総合活動型日本語教室における教師の役割について、細川・NPO法人「言語文化教育研究所」スタッフ（2004）は教師が「設計者」・「組織者」・「支援者」であると述べている。2010年度に筆者が参与観察した細川教授のクラスでは、教師は枠組みを大まかに設計し、ファシリテーターである大学院生を通じて陰ながらクラスの流れに影響を与え、時々コメントの形で介入していた。そして、データ分析の結果によると、教師はグループワークに参与していないが、終始クラスの進行を見守り、時々コメントを与えるという形で各グループのグループワークを動かした。しかし、学習者主体の活動型クラスの実践者の中には、教師は「黒子」になってまったく学生に干渉しないと主張する人もいれば、自律学習を損ねないようにファシリテーターとして仕掛けるべきとする人もいる。この点の指導方針については担当教師が悩むところである。

8.4 本章のまとめ

本章は、筆者がASCIモデルに基づき、留学生と日本人学生の混成クラスで多文化グループワークを行う教室をデザインし、2014年より九州大学の全学教育の総合科目として開講した「知識創造のためのコミュニケーション」という授業の事例研究である。大学の教育現場で行われる活動型教育、特に多文化グループワークはグローバル人材の実際に働く環

境に近い構成員によるものである。本研究ではそのグループワークのメンバーである学生の自己成長と、グローバル人材育成の三要素を結びつけて考察し、多文化グループワークの実効性を示した。多文化グループワークにおけるグローバル人材としての三要素の獲得を、知識科学の視点で分析することは有効だと考える。今後の研究への示唆として以下の点を挙げたい。本研究で明らかとなった多文化グループワークのプロセスASCIモデルおよび実践モデルは、ビジネスや科学技術などの現場におけるグループワークに適用できるかを検証する必要がある。そして、評価の問題がまだ不明瞭であることが指摘できる。多文化グループワークを通じて知識がどれぐらい豊かになったか、測定評価する方法の構築が求められよう。

　また、教室活動に現れている感情的コミュニケーションと思考的コミュニケーションを分析し、他者と考えや視点を共有することはもちろん、そのプロセスを通じて気持ちや感情も共有することが大事なので、活動型教育における教室の成り立つ条件および問題点を指摘した。「教授型」教育は、第二言語教育において長い期間にわたり主流で行われてきたが、多文化グループワークを行う活動型教育は、「教授型」教育の補助的な手段として、これからもグローバル人材育成の教育現場で少しずつ主流教育のシステムに浸透していくと考えられる。今後とも、多文化グループワークに関する実践的な研究が蓄積される必要がある。

注 [1]	第8章では、筆者の同じ授業を分析している下記の二つの論文の記述を加筆修正して組み込んでいる部分があることをお断りしておく。 　李暁燕（2016）「多文化グループワークによるグローバル人材の育成―日本人学生と留学生とのClass Shareの教育実践より」『九州大学基幹教育紀要』第2巻、pp.36–47. 　李暁燕（2016）第7章「教材を使う授業の意義」吉岡英幸・本田弘之（編著）『日本語教材研究の視点』（pp.144–173）くろしお出版
[2]	Jは日本人学生、Cは中国人留学生を表す。
[3]	Jは日本人学生、Cは中国人留学生を表す。

おわりに

　本書は第二言語習得と知識科学を結びつけて言語と文化の習得について考察する試みである。知識はダイナミックなもので文字やデータなどを用いて明確に伝達できる明示的知識（形式知）もあれば、身体知や気持ち、勘など主観的で暗黙的な形で存在する暗黙知も多い。言語文化も知識の一部であり、教科書に書いてあるものは形式知だけで人間の価値観、思考パターンなど深層にある暗黙知は教科書に書かれていない。そのために、これまでの伝統的な教科書中心のクラスにおいては、言語文化について表層的な学習しかできなかったと言えよう。本研究は知の「共有・活用・創造」のプロセスに着目して、日本語教育分野で注目されている早稲田大学大学院日本語教育研究科の活動型教育（2010年春学期，細川英雄教授担当）を事例として、異なるバックグランドの人たちから構成された多文化グループワークによるメンバーの言語文化に関する知識の変容プロセスを明らかにした。本事例研究で取り上げた多文化グループのように教室内外の活動を通じて互いに影響を与え合い、既有知識を統合しながらともに新しい知識を創っていく学習はクリエイティブ・ラーニング（創造的な学習）と捉えることができよう。

　本書の研究成果は以下の点にある。まず、多文化グループワークによる知識創造プロセスモデルASCIモデル（「言語化（Articulation）」、「共同化（Socialization）」、「統合化（Consolidation）」、「内面化（Internalization）」の四つのフェイズのスパイラルモデル）を構築した点である。近年増加している国際的なプロジェクト活動や組織における知識創造の理論としてよく知られているモデルの一つに知識科学におけるSECIモデル（Nonaka & Takeuchi 1995）がある。しかし、SECIモデルは暗黙知を共有する共同化のフェイズから知識創造のプロセスが始まるため、異なる母語や国民文化を持つ人々の

間では、知識共有のベースとなる共通の言語文化がなく、暗黙知の共有が非常に難しい。それに対して、本研究が提示するASCIモデルは、言語化のフェイズから始まり、多文化グループワークでは暗黙的な文化を表出することから知識創造が始まることを説明できる。これまでの知識科学を第二言語習得の分野に応用・発展させたモデルである。

次に、分離不可能な性質を持っている言語と文化を「セルフ・ナレッジ」として統合することを提言した点がある。「言語と文化はコインの両面」というメタファーの「コイン」は、「セルフ・ナレッジ」なのである。言語的知識と文化的知識は、セルフ・ナレッジの異なる側面であることが明らかになった。言語文化という知識は人と人の直接的な相互作用を通じて創造され、そして共同作業と伴い、共有され活用されていく。多文化集団のメンバーは言語文化を統合的に習得すると同時に、セルフ・ナレッジを豊かにしていく。また、多文化グループワークでは、通常のグループワークよりもさらに高い語学力とコミュニケーション力が必要とされるため、参加者の主体性・協調性・チャレンジ精神などが育まれ、自分の文化（アイデンティティ）に対するより深い気づきが得られることがわかった。

第三に、グローバル化教育に取り組んでいる大学の教育現場における今後の異文化理解のクラス、留学生と日本人の混成クラスおよびグローバル人材の育成に新たな実践モデルを提供した点を挙げることができる。学生一人ひとりが異なるセルフ・ナレッジの持ち主であるため、学習者一人ひとりが尊重され、一人ひとりの「顔が見える」教育を提案したい。これまでは、第二言語習得の対象となる知識は、ことばに関する知識と文化情報に関する知識とに切り離されて教授されてきた。そこでは、特に、文化的知識が国民文化レベルで静態的に捉えられ、学習者個人のセルフ・ナレッジが無視されていると言えよう。「多言語・多文化」共生社会の21世紀は、知識社会とも言われている。このグローバルな知識社会においては、異なった言語と文化を持つ人たちの相互作用が知識創造にとってきわめて重要である。

最後に、今後の研究への示唆として以下の点を挙げておきたい。第一に、ASCIモデルがビジネスや科学技術などの分野での多文化グループワークを説明できるかどうかについて検証する必要がある。第二に、活動

型教育と講義型教育とをどうバランス良く組み合わせていくかという問題を解決する必要がある。活動型教育は、長い期間にわたって主流で行われてきた講義型教育の補助的な手段として少しずつ主流教育のシステムに浸透しているが、そのメリットとデメリットをもっと実践的に研究する必要がある。第三に、活動型教育の評価に関する研究がまだ不十分であるという点がある。学習者がセルフ・ナレッジをどれぐらい変容させたかを測定評価する方法の構築が求められる。

あとがき

言語と文化の統合教育についての研究を始めるきっかけは、2002年に遡る。当時私は、中国の大連外国語大学日本語学科で教育実践を行っていた。しかし、「はじめに」でも書いたように、自分の学生時代に何も違和感なく受けてきた伝統的な教育法に対して、教師の立場になると「学生の顔が見えない」、「言語と文化が何で一緒にできないのか」と疑問を持つようになった。そして、2008年10月に北陸先端科学技術大学院大学（以下、JAIST）の博士後期課程に入学してから指導教員の梅本勝博先生より支援を受けて、当時の6人の中国人修士課程の大学院生とともに「言語文化研究会」を筆者のイニシアチブのもとで立ち上げた。日本語・日本文化について、日本語学習者の目でアプローチしたかったからである。その活動の一環として日本人にインタビューを実施し様々なことについて教えてもらった際、インタビュー対象者の日本人に「大変勉強になった」と言われた。「よそ者」からの介入がないと自文化に気づかない、気づいたことがあってもなかなか言葉にならない、ということだと思った。この「気づき」をきっかけに、「よそ者」が絶対必要なのだと考えるようになった。こうした観点の延長線で、留学生と日本人が対等な立場で参加して相互に学習できる方法があるのではないかと考えるようになった。

そんな時、早稲田大学大学院日本語教育研究科の細川英雄先生[1]の講演を聞き、まさに新しい世界を見つけた感じだった。その後、細川先生のすべての本を読み、細川先生にお願いして了解を得て、2010年春学期の細川先生の二つのクラスに潜入することになった。全15回ずつのクラスにあわせて毎週飛行機で北陸から上京していた。毎回高田馬場で電車を降りて早稲田の22号館まで歩いている時、旅の疲れや財布の不安

を忘れて、ひたすら細川先生のクラスのことで頭がいっぱいだった。そのどきどき、わくわくの気持ちは今でも鮮明に覚えている。新しい世界に通じている魔法の扉に向かっているような思いだった。

　言語文化の統合習得、特に暗黙知の習得を明らかにすることはそう簡単ではない。なぜなら、そうした暗黙知は本や辞書に書かれてないし目に見えるものではないからだ。幸運なことに、当時細川先生は「思考の可視化」、つまり、考えをできるだけ言葉にして他人と共有することを提唱していた。それで、講義時間内のグループワークだけでなく、メーリングリストやコースナビの掲示板（BBS）などのバーチャルの場でも議論が続いた。この研究が無事に進められた大きな要因の一つは、「思考の可視化」のプロセスのおかげである。メンバー全員を対象に毎回詳細にインタビューすることは事実上不可能だからだ。ただ、筆者を含めて、抽象的なテーマについての考えを他人と共有することは簡単ではなかった。そうした悪戦苦闘のプロセスの渦中にある一メンバーになり「参与観察」を行ったので、形のない考えを形にし（言葉で表現し）、そしてそれを共有し、他人の意見と統合しながら新たな意見が生まれた時の喜びや、考えを捕まえられず言葉に変換できない時のモヤモヤしている気持ちや、コミュニケーションがうまくいかず人間関係を壊したくないが相手の意見を受け入れられない時の苦悶などなどを、身をもって経験できた。そういう感性的なものすべてが研究の糧になった。

　有り難いことに、2013年九州大学大学院比較社会文化研究院に赴任してからも、担当している授業科目がほとんど全部留学生と日本人学生の混成クラスとなっており、多文化グループワークの教育実践のチャンスに恵まれている。現在九州大学で同じような活動型教育のクラスを持っており、毎回できるだけ抽象的なテーマを学生に与えるようにしている。そして、必ず毎回「思考の可視化」を学生に求める。安易にウェブや文献で調べて答えを見つけるより、答えのない問題だからこそ、「思考の可視化」を通じたグループでの協働作業によって、「情報」レベルを超えた「知識」が生まれる。クラス活動を通じて自らの暗黙知をやっと言葉にして形式知として他人に伝えることができた学生の笑顔は毎回輝かしかった。

　本研究がきっかけとなり、筆者は第二言語習得の分野における暗黙知

習得の解明に携わり始めた。そして、この研究を中心として、暗黙知習得の解明に関わる二つの課題（①暗黙的ニュアンスを学習するためのオノマトペのE-learningシステム；②生活者としての外国人保護者を支援するための学校プリント研究）を加えて、日本語オノマトペの暗黙的ニュアンスの習得および日本の小学校で発行された学校プリントにおける暗黙的な学校カルチャーの習得という、これまでの研究とは異なる視点からの研究にも取り組んでいる[2]。研究方向が明確になってきたことは、研究者にとって大きな幸せだと思う。今後とも知識科学と第二言語習得（教育学、心理学にも触れつつ）を結びつけて、暗黙知習得の解明につながる研究をしていきたいと考えている。

　本書は、2011年12月にJAIST知識科学研究科に提出した博士論文「セルフ・ナレッジを豊かにする―多文化グループワークにおける知識プロセス―」を大幅に加筆修正したものである。本書の研究を行うにあたっては、たくさんの方々のご理解とご協力をいただいた。

　まず、細川英雄先生には、2010年度春学期の「考えるための日本語」クラスと「実践研究11」クラスを参与観察させていただくとともに、インタビューやゼミ参加などについてご快諾くださったことを深くお礼申し上げたい。細川先生にはこれまでたくさんの刺激をいただいた。特に、研究・教育・生活がオーバーラップする日々の営みの中から自分のテーマを見つけるということを学んだ。また、データ収集にご協力くださった、2010年度春学期「考えるための日本語」および「実践研究11」の受講者の皆さんに深く感謝の意を表したい。「よそ者」の私を温かく受け入れていただき、ともに議論し、ともに悩み、ともに喜ぶ日々を過ごさせていただいた。プライベートの時間も利用してインタビューに快く応対していただいた。心より感謝の意を捧げたい。

　本研究を進めるにあたり、多くの先生方からご指導を賜った。JAIST知識科学研究科の梅本勝博教授は2008年10月の入学以降3年間にわたり、指導教員として、筆者の研究のおぼつかない足取りを常に温かく見守り励ましとご助言をくださった。ゼミの時間においてだけでなく、大変貴重なお時間を割いて個別にご指導いただいた。博士課程修了後も本書をまとめるにあたり、何度も議論の時間をいただき、多くのご示唆を

いただいたことに深くお礼申し上げる。梅本先生にご指導いただいたおかげで、多文化グループワークのプロセスを知識科学の観点から捉えるための視座を学ぶ機会を得ることができた。

　博士論文作成にあたり、多大なるご教示をくださったJAISTの故・杉山公造教授、小坂満隆教授、神田陽治教授、由井薗隆也准教授、外部審査員をお引き受けくださった早稲田大学大学院日本語教育研究科の舘岡洋子教授に心よりお礼申し上げる。また、事例研究のデータ収集から論文のまとめにわたり、多大なるご指導を賜った杉原太郎助教に深く感謝の意を表したい。杉原先生からご指導いただくことにより、参与観察の手法およびデータ整理の「基準」と「手順」を複眼的に捉える視座を常に問い続ける姿勢を学ぶことができた。

　筆者に教育実践の場を提供してくださった北陸大学の北元喜朗元理事長、周航専務理事に深くお礼を申し上げたい。早稲田大学で実践されている活動型教育を、北陸大学の日本語クラスで何回かチャレンジし、多くの気づきを得ることができた。また、第七回（1999年）中国大学生日本語作文コンテキストの入賞をきっかけに、二十年間近く温かく見守ってくださり、研究活動を支援してくださった国際交流研究所所長の大森和夫・弘子ご夫妻に感謝の意を表したい。大森先生には、ご多忙にもかかわらず、英語文献から和訳した内容の多い先行研究レビューの日本語表現を丁寧に推敲しながらチェックしていただいた。

　博士課程で協働的に互いの研究を支え合い、博論審査の最後まで伴走してくださった梅本研究室の皆様に感謝したい。また、博士研究員（ポスドク）として在籍した橋本研究室の皆様からは文理融合の研究手法について大いに学ばせていただいた。特に橋本敬教授、小林助教、金野研究員に日本学術振興会の博士研究員申請から科研費申請まで常に仲間として支えていただき、申請書を何度もコメントしていただいたおかげで、研究者として無事に出航することができた。重ねて感謝の意を捧げたい。

　また、福岡在住の横浜国立大学名誉教授の門倉正美先生に多大な敬意と感謝を表したい。門倉先生の研究・教育上のスタンスに深く共鳴してお付き合いいただき、筆者の研究・教育上のテーマや課題についてこれまで何度となく議論を交わす機会に恵まれた。留学生と日本人学生の混

成クラスの実践研究の大先輩として異なるバックグランドの学習者間の協働学習について多大なご指導をいただいただけでなく、本書の仕上げ段階で読者の視点を率直にご教示くださったおかげで軌道修正ができた。さらに、本書の日本語校閲までお世話になった。

そして、充実した研究環境を提供してくださる九州大学、いつも温かくサポートしてくださる同僚の先生方、ありがとうございます！ また、ココ出版の田中哲哉氏は読者の眼で丁寧に通読された上で、編集者の眼で懇切な表現修正のアドバイスをくださった。心から謝意を表したい。最後に、晴れの日も雨の日も分かち合ってくれて、研究の種と努力のエネルギーを与えてくれる夫の勇、娘の韵清、息子の嘉澤と、研究と育児のことで挫けそうな時には何回も中国から助けに駆けつけてくれた両親に改めて心より謝意を表したい。

これからも外国人の「目」を活かして、研究・教育・生活のオーバーラップを広く深く掘っていく所存である。

注　[1]　細川英雄氏は2013年3月に早稲田大学を早期退職し、現在は、「言語文化教育研究所」（http://gbki.org）を主宰して活躍されている。
　　[2]　研究内容に関しては、個人ウェブサイト（http://lixiaoyan.jp）参照。

付録 1 「考えるための日本語」のシラバス

シラバス検索-シラバス詳細照会

早稲田大学事務サービス
シラバス検索-シラバス詳細照会
シラバス詳細照会
授業情報

開講年度 2010 年度
科目名 考えるための日本語(個人と社会を結ぶ)
学期曜日時限 春期　　　01：水 3 時限
担当教員 細川 英雄
開講箇所 日本語教育研究センター　　**配当年次** 1 年以上
科目区分 (オープン)日本語・日本語教育研究講座　**単位数** 2
使用教室 01:22-719　　**キャンパス** 早稲田
備考 オープン科目
科目キー 92000007473　　**科目クラスコード** 01
シラバス情報
最終更新日時：2010/01/31 11:24

授業概要・授業の到達目標

このクラスでは、社会で生きていくために個人は何ができるのかという問題を、日本語による議論の活動を通して検討します。

なぜなら、この社会で日本語を使って生きていくということは、皆さん一人一人にとって大きな課題だからです。しかも社会というもののイメージが人それぞれによって異なることを考えると、この生活の中でのコミュニケーションにおける個人と社会の関係を考えることは、とても重要な意味を持つことでしょう。

このことは、具体的に、3ヶ月でこんな能力がついたとか、こんな知識・技術が身についたということとは直接関係がありません。むしろ日本語の学習とか習得という観点から離れて、大学における自分自身の学びの意味を考えてみるということが大切でしょう。あえて言えば、目の前の具体的なものを越えて、もう少し先を、たとえば自分の将来や職業などを構想し、この社会でできることを考えてみるという時間です。

まず話し合いによって、個人と社会を結ぶ日本語の活動をどのようにしたらいいかを皆さんで考えます。そのうえで、一人ひとりにとっての、社会のイメージと自分との関係を記述してもらい、そこから、その社会の中で何ができるかという自分のテーマを考えます。

このテーマづくりをグループ・ディスカッション等によって行い、それから、クラス内外の人たちと、テーマの実現をめぐって対話を行います。さらに、その対話の結果をクラス内で報告して意見をもらい、最終的には、自分のテーマの実現とその可能性についてレポー

トにまとめます。このレポートを相互の評価しあいながら、このクラスという社会で考えたことは何だったのだろうという総括をします。これがこのクラスの進め方です。

クラスの特徴を表すキーワードは、「個人、社会、対話、協働・創造」です。

授業計画

[第1回]ガイダンス(クラス活動の説明、課題図書等の説明)
[第2回]私にとって社会とは何か(動機文の作成1)
[第3回]私にとって社会とは何か(動機文の作成2)
[第4回]私にとって社会とは何か(動機文の作成3)
[第5回]対話活動1
[第6回]対話活動2
[第7回]対話活動から対話報告へ
[第8回]対話報告1
[第9回]対話報告2
[第10回]自分の主張をまとめる1
[第11回]自分の主張をまとめる2
[第12回]自分の主張をまとめる3
[第13回]相互自己評価1
[第14回]相互自己評価2
[第15回]相互自己評価3

教科書

このクラスの活動は、皆さんにとってあまり馴染みのないものかもしれません。そこで、具体的な授業活動に入る前に、以下の本を課題図書とします。図書館等でも入手できますし、学期はじめに生協等に注文しておきますから、早めに入手して読みはじめてください。
・牲川波都季・細川英雄『わたしを語ることばを求めて』三省堂2004

その他は、とくにありません。皆さん一人一人のテーマが議論の素材です。レポート文章の書き方について、このクラスの担当者が書いた本に以下のものがあります。クラスレポート等を書く際に参考になるかもしれません。

参考文献
・細川英雄『研究計画書デザイン-大学院入試から修士論文完成まで』(東京図書、2006)
・細川英雄『論文作成デザイン-テーマの発見から研究の構築へ』(東京図書、2008)

成績評価方法 出席50% 課題50%

関連URL 大学院日本語教育研究科細川英雄研究室　http://www.gsjal.jp/hosokawa/

備考
・留学生・帰国生の参加をとくに歓迎します。ただし、いわゆる日本語能力のレベルは問いませんが、クラス活動の共通言語は日本語ですので、そのことを了解の上参加してください。
・コースナビを使います。

Copyright (C) Media Network Center, Waseda University 2002-2010, All rights reserved.

付録2 「ファシリテーターの役割」についての
メールインタビュー

筆者からの質問

○○さん
こんばんは。
週末は楽しく過ごしていますか。
ちょっとお願いがありますが、
実は、今週の実践研究の観察誌は「ファシリテーターの存在意義」について書いてみたいですが、○グループのことを教えていただけないでしょうか。
ご都合の良い時、以下の質問に答えていただきたいです。

1. あなたの入っているグループでは、ファシリテーターの役割はどんな時、果たされていると思いますか？（複数可）
   - A　事務的な話をする時（作品の設計・スケジュールなど）
   - B　グループディスカッションの流れの把握などをしたい時
   - C　「個人と社会を結ぶ」について、みんなの意見のやりとりの時
   - D　コースナビなどを通して、メンバーたちに考えてもらいたい時
   - E　その他（　　　　　　　　　　　　）
2. ご自分は、どのようにファシリテーターの役割を果たしていますか。例を教えてください。

本当に簡単に答えていただけたらいいです。
タイプするのも結構面倒くさいし。。。。
また会ったとき具体的な話もできますから。
せっかくの週末を、ごめんなさい。
よろしくお願いします。

李暁燕

実習生からの返信

返信1
李さん

こんばんは。メール、ありがとう。早速ですが、ご質問の件について回答させていただきたいと思います。
二つの質問もファシリテーターに関するのですね。その定義に対して、私自身はちょっと不明確なので、ちょっとウェッブで調べてみました。WIKIによると、以下のようになります。
「ファシリテーター（英語：facilitator）とは、会議やミーティング、住民参加型のまちづくり会議やシンポジウム、ワークショップなどにおいて、議論に対して中立な立場を保ちながら話し合いに介入し、議論をスムーズに調整しながら合意形成や相互理解に向けて深い議論がなされるよう調整する役割を負った人。参加者やデザインによっては、意見交換だけでなく、視覚に訴える手法や、身体の動きや移動をつかった技法、感情を扱う介入をする場合もある。ファシリテーターが参加者の立場も兼ねる場合もある」

では、以上のような定義を捉え、李さんの質問を回答しますね。
1. あなたの入っているグループでは、ファシリテーターの役割はどんな時、果たされていると思いますか？（複数可）
    B　グループディスカッションの流れの把握など把握などをしたい時
    C　「個人と社会を結ぶ」について、みんなの意見のやりとりの時
2. ご自分は、どのようにファシリテーターの役割を果たしていますか。例を教えてください。

グループの中で、私は別にファシリテーターの役割を果たしていないと思います。なぜと言えば、グループの中で、CJ1*さんがいますから、CJ1*さんに頼っていると言うか、何とか私よりCJ1*さんのほうがその役に向いていると気がしますから。又、性格のせいか、あまり中立な立場を保ちながらディスカッションの流れを把握しようという考えはもっていません。
でも、意識的にファシリテーター役をしようとは思っていないが、たまにはそういう役をやってしまう場合もあるかなと思います。例えば、グループメンバーは私より勝手な人で、ディスカッションがなかなかまとまらなく、なかなか前へ進まない時、多分私はファシリテーター役をとるかもしれないと思います。
以上です。では、またね。

CC1*

返信2
李さん
こんばんは！
メールありがとうございます。
私でよければお答えしますね。

1　C
私自身が、ファシリテーターとしてやれているかなと思えるのは、これだけです。
2
私自身は、あまり自分がファシリテーターであるということを意識していなくて、自分の思ったままを発言させてもらっている感じです。たとえば、「個人と社会をつなぐものは愛だと思う！」とか、「自立と共生が大事だ」とか…。

もともと自分の中にある考え（理想の社会の姿のようなもの）があって、それをシェアしているというか、できればみんなに分かってもらえるように、という感じで発言しているだけなんです。

全体のとりまとめは、AJ2*さんやAK1*さん（たぶんメインはAJ2*さん）がいつも意識してしてやってくださっていて、私はそれに乗っかっているだけのような気もしていて、これでいいんだろうかと思ったりもしています。

もともとグループでの話し合いとか、苦手意識もあって、わりと意見を引っ込めてしまうことも多いんですが、このテーマについては、自分なりに考えてきたこともあったので、わりと自由に発言ができています。

でも、他のコミュニティでの話し合いの場では、自分に関心が無いトピックだからという理由もあるのかもしれませんが、話に入っていけない、という感覚を持つことも多いです。

私自身、ファシリテーターの役ができているかどうかは分かりませんが、「できるだけ本音を語る場を作る」という目的でなら、私自身がまず本音を語ることから始めているという自負はあるかもしれません。父にインタビューをしたいと思った経緯や、父とのエピソード等をメンバーに話すにあたってですが。
　こんな感じでよろしいでしょうか。
私も観察誌書かなくちゃです。
いつも遠方からの参加、本当にお疲れ様です。
また水曜日にお会いできるのを楽しみにしています☆

AJ1*

返信3
李さん、
おはようございます。
週末は、修士論文の中間発表資料を作るっていう課題があって、
なんだか、悶々と過ごしています。笑
以下、私の答えです。
> 1. あなたの入っているグループでは、ファシリテーターの役割はどんな時、果たされていると思いますか？（複数可）
>   A　事務的な話をする時（作品の設計・スケジュールなど）
>   B　グループディスカッションの流れの把握などをしたい時
>   C　「個人と社会を結ぶ」について、みんなの意見のやりとりの時
>   D　コースナビなどを通して、メンバーたちに考えてもらいたい時
>   E　その他（　　　　　　　　　　　）

これは、AからEの全部かな。あ、私の中では、ですね。
AK1*さんやAJ1*さんがどう思っているか分からないですが。
Aは、結構、聞いても何も出てこないときが多いので、実践者側から提案して、合意をもらうことが多いですね。BとCは、とりあえず、話し始めは実践者側で、後は、結構、参加者に任せたりします。Dは、前にも教室で言いましたが、私がBBSに書き込みを入れているときは、わりと意図的に、他の人たちの書き込みを誘発するようにしていますね。
> 2. ご自分は、どのようにファシリテーターの役割を果たしていますか。例を教えてください。

そうですねー。とりあえず、自分の意見も出すけど、なるべくニュートラルな感じで、参加者の意見を「うんうん、それもあるかも」って聞くようにはしてますね。あとは、最近は、分かったつもりにならないで、「え？ それはどうして？」とかつっこみを入れるようにしてます。あとは何かなー。あ、人々の発言が、重ならないことが多いので、「Aさんが言ってる××っていうのは、さっきBさんが言った〇〇ってことと同じ？」とか、参加者をリンクさせるようにしてますね。難しいけど。笑そんな感じです。
李さんの研究の話、きくの、好きです。
毎回楽しみです。暗黙知と形式知の話とか、また教えてください！！

AJ2*

返信4
李さん
こんばんは。BJ1*です。
さて、早速ですが質問のお答えを・・
まあ、簡単に言えば選択肢全部あてはまります。
でもそれじゃ意味ないので・・あえていうならCでしょうか。
意識としては、「活動を円滑にする人」のつもりでやってます。
こんなところですが、どうでしょうか。

BJ1*

返信5
李さん
こんにちは！ ちょっと蒸し暑い週末ですが、いかがお過ごしですか？
以下の質問の答えを記入してみました。（興味深いアンケートですね）
> 1. あなたの入っているグループでは、ファシリテーターの役割はどんな時、果たされていると思いますか？（複数可）
>   A 事務的な話をする時（作品の設計・スケジュールなど）
>   B グループディスカッションの流れの把握などをしたい時
>   C 「個人と社会を結ぶ」について、みんなの意見のやりとりの時
>   D コースナビなどを通して、メンバーたちに考えてもらいたい時
>   E その他（　　　　　　　　　　　）

選択⇒　A, B, C
　　　　 E（やる気がなさそう、ついてこられなさそうなメンバーをディスカッションに引き入れる）
> 2. ご自分は、どのようにファシリテーターの役割を果たしていますか。例を教えてください。

初めのころは、ファシリテーターとしてグループをまとめて引っ張っていかなければという気持ちが強かったと思います。そのため、ディスカッションではいつの間にか司会を引き受けたりちょっとおせっかいだったかなという反省点もありました。しかしファシリテーターとは教師とは違うんだなということに途中で気づき始めました。また、実践研究のディスカッションで「もっと大きく構えてメンバー1人ひとりを信頼すること」の大切さに気付き、最近は少し距離を置き、自分もメンバーの一人であるということを意識して活動するようにしています。最近はメンバーひとりひとりの良さや強みもわかってきたので、うまくそれを引き出せる存在でいられたらと思います。自分がグループの中でどんな役割を果たせるかを毎回、学んでいると思います。でもやはり、メンバーの中には「あの人が引っ張ってくれる」と言う思いもあるようで、いつの間にか頼られてしまっているなと感じますが。でも年齢的にも一番上だし、ある意味しかたないかなと言う気がします。問題は、自分の中にいつの間にかある「教師根性＝相手に教えこみたい」という気持ちが前面に出ないようにすることです。難しいですが、私の課題です。これに気づいただけでもこの実践を取った意義があったと思います。

以上です。ご参考になればいいですが！
ではまた水曜日にお会いしましょう。また次のディスカッションも楽しみしています。

CJ1*

返信6
りーさん

返事が遅くなってすみません。

> 1. あなたの入っているグループでは、ファシリテーターの役割はどんな時、果たされていると思いますか？（複数可）
>   A　事務的な話をする時（作品の設計・スケジュールなど）
>   B　グループディスカッションの流れの把握などをしたい時
>   C　「個人と社会を結ぶ」について、みんなの意見のやりとりの時
>   D　コースナビなどを通して、メンバーたちに考えてもらいたい時
>   E　その他（　　　　　　　　　　　　）

だいたいAからDまでのことを含んだことでしょうか。

特にクラス内の話し合いは、活動を進めていくのにあたって、それぞれの経過をグループメンバーが共有しながら、各自が考えていることを深めていく・明確にしていく大事な時間だと思っていますので、できるだけ、グループメンバー全員が発言しているかを見ています。それから、その話し合いが、常に「個人と社会をむすぶ」ということにつながっているかを考え、話を戻したり、広げたりということを考えて話しています。

> 2. ご自分は、どのようにファシリテーターの役割を果たしていますか。例を教えてください。

私の場合は、インタビュー活動をしていないので、インタビュー報告をする必要がありません。なので、ほかのメンバーがインタビュー報告に集中できるように、書いたものについてはフィードバックを送ったり、活動内容をコースナビにアップロードすることは、私のほうでできるだけやろうと考えています。それから、新聞の記事に関しては、一人の読み手として、記事を書いている人の考え方がどのように伝わっているのかを伝えることを、ファシリテーターの役割として考えています。
簡単でありますが、以上です。
毎週、東京まで来て頑張っているリーさんの姿をみて、私ももっと頑張らなくちゃといつも思っています。蒸し暑い天気が当分続くと思いますが、くれぐれも体にお気をつけて、がんばってください。それでは、また水曜日にお目にかかります。

AK1*

付録3　早稲田大学で実施したアンケート調査の自由記述のまとめ

1. 2010年4月14日に実施したアンケート調査
「期待していること」についてのまとめ

留学生	考えることを生活に活かしたい 友達を作りたい 話し合い 協力のしかた うまくコミュニケーションを取りたい 日本人と交流すること ディスカッション 交流、意見をもらう
日本人学生	コミュニケーション いろいろな背景の人と話す 自分にない考えがきける 交流による自己更新 他人とシェアしたい、自分の意見を伝える ディスカッション能力の向上 自分の意見と他人の意見を混ぜ合わせてどのように考えることができるか 他の背景の人と話す

2. 2010年7月14日に実施したアンケート調査
「得たもの」についてのまとめ

留学生	人間関係・信頼関係ができるまで時間がかかったと実感した コミュニケーションの取り方と対人関係について、深く考えさせた 日本語力：日本語のミスは重要ではない。伝えることが大事 対人関係：謙遜な姿勢が必要だ。 コミュニケーションの取り方：自分なりに方向性を持つ 自分の意見ののべ方 良くディスカッションしたので日本語がうまくなった 人の話を良く聞けるようになった 日本語力、人間関係の大切さ、責任感 人の意見を聞けたこと
日本人学生	教室のあり方、新しい考えかた 自分を開示することは人とつながれることに通じていてとても大切だと思ったこと 自分の意見の伝え方 自由に発言できた さまざまな人と話ができた ファシリテーターの役割（対等な立場であり、かつ、活動の流れを活性化させる立場）、協働することの難しさ 論理的な話し方、自分の意見を完結にまとめること

付録4 「実践研究11」で使用された観察誌

学籍番号		報告者氏名 (フリガナ)		
日　時		クラス名（担当者名）		参加者数

観察タイトル：

活動型日本語教育　実践研究　観察誌

参考文献

青木直子（1996）Autonomous Learning: What, why and how? *ASTE Newsletter, 35.*

池上嘉彦（1984）『記号論への招待』岩波書店

池田玲子・舘岡洋子（2007）『ピア・ラーニング入門―創造的学びのデザインのために』ひつじ書房

池田玲子（2008）「協働学習としての対話的問題的学習―大学コミュニティの多文化共生のために」細川英雄（編著）『ことばの教育を実践する・探求する―活動型日本語教育の広がり』凡人社 pp.60–79.

井下理（1992）「異文化合同教育の展開」『現代のエスプリ』299, pp.54–68.

伊丹敬之・西口敏宏・野中郁次郎（2000）『場のダイナミズムと企業』東洋経済新報社

岩田夏穂（2007）「共生日本語教育実習における実習生と母語話者・非母語話者参加者の会話参加の様相―イニシアティブレスポンスによる3人の会話参加のコード化の試み」岡崎眸（監修）『共生日本語教育学―多言語多文化社会のために』雄松堂出版 pp.225–248.

上野直樹・ソーヤーりえこ・柳町智（2006）『文化と状況的学習―実践、言語、人工物へのアクセスのデザイン』凡人社

梅田康子（2005）「学習者の自律性を重視した日本語教育コースにおける教師の役割―学部留学生に対する自律学習コース展開の可能性を探る」『言語と文化』12(39), pp.59–77.

ウェンガー，E.・マクダーモット，R.・スナイダー，W. M.（2002）『コミュニティ・オブ・プラクティス―ナレッジ社会の新たな知識形態の実践』（桜井祐子訳）翔泳社（Wenger, E., McDermott, R. A., & Snyder, W. (2002) *Cultivating Communities of Practice: A Guide to Managing Knowledge.* Boston: Harvard Business School Press.）

エンゲストローム，Y.（1999）『拡張による学習―活動理論からのアプローチ』（山住勝広等訳）新曜社（Engestrom, Y. (1987) *Learning by Expanding: An Activity-theoretical Approach to Developmental Research.* Helsinki: Orienta-Konsultit.）

大井玄（2008）『「痴呆老人」は何を見ているか』新潮社

大島純・野島久雄・波多野誼余夫（2006）『新訂　教授・学習過程論―学習科学の展開』放送大学教育振興会

大利一雄（2003）『グループワーク―理論とその導き方』勁草書房

大津由紀雄（編）（2009）『危機に立つ日本の英語教育』慶應義塾大学出版会

岡崎敏雄・西川寿美（1993）「学習者とのやりとりを通した教師の成

長」『日本語学』12, pp.31–41.

岡崎眸（2006）「多言語多文化社会を切り開く日本語教育と教員養成に関する研究―総括と展望」『多言語多文化社会を切り開く日本語教育と教員養成に関する研究』pp.4–25．日本学術振興会平成14年〜18年度科学研究費補助金基盤研究B（2）研究成果報告書　課題番号14380117　研究代表者岡崎眸（お茶の水女子大学）

岡崎眸（2007）「共生日本語教育とはどんな日本語教育か」岡崎眸（監修）『共生日本語教育学―多言語多文化共生社会のために』雄松堂出版　pp.273–308.

小川貴士（2007）「主体的なコミュニケーションをどうクラスで実現させるか―文芸批評論のコミュニケーション論との関連から」小川貴士（編）『日本語教育のフロンティア―学習主体と協働』くろしお出版　pp.21–36.

加藤幸次（2000）「子どもの「学び」に添った教師の働きかけを」『授業研究』21

川上郁雄（2007）「「移動する子どもたち」と言語教育」佐々木倫子ほか（編）『変貌する言語学―多言語・多文化社会のリテラシーズとは何か』くろしお出版　pp.85–106.

コール, M.（2002）『文化心理学―発達・認知・活動への文化-歴史的アプローチ』（天野清訳）新曜社（Cole, M. (1998) *Cultural Psychology: A Once and Future Discipline*. Belknap Press）

佐々木瑞枝（1990）「日本事情の授業・1―日本人学生を交えて」『言語』226, pp.28–34．大修館書店

佐々木由利子（2009）「カウンセリングの体験学習のために開発された四つのグループワークの研究」『日本橋学館大学紀要』8, pp.79–90.

柴田武・国広哲弥・長嶋善郎・山田進（1976）『ことばの意味　辞書に書いてないこと』平凡社

白井恭弘（2008）『外国語学習の科学―第二言語習得論とは何か』岩波新書

杉原由美（2007）「留学生・日本人大学生相互学習型活動における共生の実現をめざして―相互行為に現れる非対称性と権力作用の観点から」『リテラシーズ3―ことば・文化・社会の日本語教育へ』くろしお出版　pp.97–112.

杉原由美（2010）『日本語学習のエスノメソドロジー―言語的共生化の過程分析』勁草書房

鈴木孝明・白畑知彦（2012）『ことばの習得―母語獲得と第二言語習得』くろしお出版

園田博文・奥村圭子・内海由美子・黒沢晶子（2006）「留学生と日本

人学生の交流活動実践から見えてくるもの―「気付き」を通した異文化間コミュニケーション能力の養成に向けて」『山形大学紀要・教育科学』14(1), pp.11–33.

高濱愛・田中共子（2007）「短期留学生と日本人学生を対象とした混合クラスにおける異文化間ソーシャル・スキル学習セッションの実践」『留学生教育』12, pp.67–76.

ダグラス，トム（2003）『ベーシック・グループワーク』（渡辺嘉久・杉本敏夫訳）晃洋書房（Douglas, T. (2000) *Basic Groupwor*. Routledge.）

舘岡洋子（2005）『ひとりで読むことからピア・リーディングへ―日本語学習者の読解過程と対話の協働学習』東海大学出版会

舘岡洋子（2008）「協働による学びのデザイン―協働的学習における「実践から立ち上がる理論」」細川英雄（編著）『ことばの教育を実践する・探求する―活動型日本語教育の広がり』凡人社 pp.41–56.

津村俊充（2003）「「教育ファシリテーター」になること」南山大学人文学部心理人間学科（監修）、津村俊充・石田裕久（編）『ファシリテーター・トレーニング―自己実現を促す教育ファシリテーションへのアプローチ』ナカニシヤ出版 pp.12–16.

西口光一（1999）「状況的学習論と新しい日本語教育の実践」『日本語教育』100, pp.7–18.

野中郁次郎・竹内弘高（共著）（1996）『知識創造企業』（梅本勝博訳）東洋経済新報社

半原芳子（2007）「「対話的問題提起学習」の実証的研究―非母語話者の問題提起場面に注目して」岡崎眸（監修）『共生日本語教育学―多言語多文化社会のために』雄松堂出版 pp.143–186.

ヴィゴツキー，L. S.（2001）『思考と言語』（柴田義松訳）新読書社

星野欣生（2003）「ファシリテーターは援助促進者である」南山大学人文学部心理人間学科（監修）、津村俊充・石田裕久（編）『ファシリテーター・トレーニング―自己実現を促す教育ファシリテーションへのアプローチ』ナカニシヤ出版 pp.7–11.

ホスピスケア研究会（編）（2005）『がん患者と家族のサポートプログラム』青海社

細川英雄（1999a）『日本語教育と日本事情―異文化を超える』明石書店

細川英雄（1999b）「日本事情」千駄ヶ谷日本語教育研究所『日本語教育講座 言語学、日本事情』千駄ヶ谷日本語教育研究所 pp.165–196.

細川英雄（2002a）『日本語教育は何をめざすか―言語文化活動の理論

と実践』明石書店
細川英雄（2002b）「ことば・文化・教育―ことばと文化を結ぶ日本語教育をめざして」細川英雄（編）『ことばと文化を結ぶ日本語教育』凡人社
細川英雄（2003）「「個の文化」再論―日本語教育における言語文化教育の意味と課題」『21世紀の「日本事情」』5, pp.36–51.
細川英雄（2006）「第5章　日本語教育における理論と実践の統合」宮崎里司（編著）、川上郁雄・細川英雄（著）『新時代の日本語教育をめざして―早稲田から世界へ発信』明治書院　pp.96–123.
細川英雄（2007）「日本語教育学のめざすもの―言語活動環境設計論による教育パラダイム転換とその意味」『日本語教育』132, pp.79–88.
細川英雄（2011）「日本語教育は日本語能力を育成するためにあるのか―能力育成から人材育成へ・言語教育とアイデンティティを考える立場から」『早稲田日本語教育学』9, pp.21–25.
細川英雄・蒲谷宏（編）（2008）『非常勤インストラクターのための「活動型」授業の手引き』スリーエーネットワーク
細川英雄＋NPO法人「言語文化教育研究所」スタッフ（2004）『考えるための日本語―問題を発見・解決する活動型日本語教育のすすめ』明石書店
細川英雄・尾辻恵美・マルチェッラ・マリオッティ（編）（2016）『市民性形成とことばの教育―母語・第二言語・外国語を超えて』くろしお出版
ボック，P. K.（1977）『現代文化人類学入門　第2巻』（江淵一公訳）講談社（Bock, P. K. (1974) *Modern Cultural Anthropology: An Introduction*. New York: Afred A. Knopf.）
ポラニー，M.（1980）『暗黙知の次元―言語から非言語へ』（佐藤敬三訳）紀伊國屋書店（Polanyi, M. (1967) *The Tacit Dimension*. London: Routledge & K. Paul.）
水島裕雅（2005）「世界の中の日本文化」水島裕雅（編）『講座・日本語教育学第1巻　文化の理解と言語の教育』スリーエーネットワーク　pp.2–15.
箕浦康子（1990）『文化のなかの子供』（シリーズ人間の発達6）東京大学出版会
箕浦康子（1994）「異文化で育つ子どもたちの文化的アイデンティティ」『教育学研究』61(3), pp.9–17.
ミラー，J. P.（著）（1997）『ホリスティックな教師たち―いかにして真の人間を育てるか』（中川吉晴・桜井みどり・吉田敦彦訳）学習研究社

ヤーコブソン，R.（1978）『言語と言語科学』（服部四郎編）大修館書店
八島智子（2004）『第二言語コミュニケーションと異文化適応―国際的対人関係の構築をめざして』多賀出版
山住勝広（2004）『活動理論と教育実践の創造―拡張的学習へ』関西大学出版部
山住勝広・エンゲストローム，ユーリア（2008）『ノットワーキング―結び合う人間活動の創造へ』新曜社
山根耕平（2001）『総合的学習の研究―その思想と展望』ナカニシヤ出版
李暁燕（2011）「セルフ・ナレッジを豊かにする―多文化グループワークにおける知識プロセス」北陸先端科学技術大学院大学知識科学研究科
李暁燕（2014）「多文化グループワークによる暗黙的文化知識の共有―早稲田大学における総合活動型教育を事例に」『地球社会統合科学』21(1–2), pp.71–80.
李暁燕（2016a）「多文化グループワークによるグローバル人材の育成―日本人学生と留学生とのClass Shareの教育実践より」『九州大学基幹教育紀要』2, pp.36–47.
李暁燕（2016b）「教材を使う授業の意義」吉岡英幸・本田弘之（編著）『日本語教材研究の視点』くろしお出版　pp.144–173.
李暁燕・梅本勝博（2011）「活動型クラスにおける言語文化知識の変容」『異文化コミュニケーションのための日本語教育1』高等教育出版社　pp.231–232.
レイヴ，ジーン・ウェンガー，エティエンヌ（1993）『状況に埋め込まれた学習―正統的周辺参加』（佐伯胖訳）産業図書（Lave, J. & Wenger, E. (1991) *Situated Learning: Legitimate Peripheral Participation*. New York: Cambridge University Press.）
レオンチェフ，A. N.（1980）『活動と意識と人格』（西村学・黒田直実訳）明治図書（Leont'ev, A. N. (1978) *Activity, Consciousness and Personality*. Englewood Cliffs: Prentice-Hall.）

Agar, M. (1994) *Language Shock: Understanding the Culture of Conversation*. New York: Perennial.

Alavi, M. & Leidner, D. (2001) Knowledge Management and Knowledge Management Systems: Conceptual Foundations and Research Issues. *MIS Quarterly*, 25(1), pp.107–136.

Atwell, N. (1991) *Side by side: Essays on teaching to learning*. Portsmouth, NH: Heinemann.

Bennett, J. M. (1993) Towards ethnorelativism: A development model of intercultural sensitivity. In R. M. Paige (Ed.), *Education for the intercultural experience* (2nd ed., pp.21–71). Yarmouth, ME: Intercultural Press.

Bialystok, E. (1978) A Theoretical Model of Second Language Learning. *Learning Language, 28*(1), pp.69–83.

Biggs, J. & Moore, P. (1993) *The Process of Learning* (3rd ed.). New York, NY: Prentice Hall.

Chomsky, N. (1957) *Syntactic Structures*. The Hague, Paris: Mouton.

De Vita, G. (2005) Fostering intercultural learning through multicultural group work. In J. Carroll & J. Ryan (Eds.), *Teaching international students: Improving learning for all* (pp.75–83). London: Routledge.

Dickson, L. (1987) *Self-instruction in Language Learning*. Cambridge: Cambridge University Press.

Drucker, P. F. (1974) *Management: Tasks, Responsibilities, Practices*. New York: Harper & Row.（野田一夫・村上恒夫監訳（1974）『マネジメント―課題・責任・実践』ダイヤモンド社）

Ellis, R. (2009) Implicit and Explicit Learning, Knowledge and Instruction. In R. Ellis et al., *Implicit and Explicit Knowledge in Second Language Learning, Testing and Teaching*. Bristol: Multilingual Matters.

Engestrom, Y. (1993) Developmental Studies of Work as a Test Bench of Activity Theory: Analyzing the Work of General Practitioners. In S. Chaiklin & J. Lave (Eds.), *Understanding practice: Perspectives on activity and context* (pp.64–103). Cambridge: Cambridge University Press.

Engestrom, Y. (2001) Expansive learning at work: Toward an activity theoretical reconceptualization. *Journal of Education and Work, 14*(1), pp.133–156.

Hall, E. T. (1959) *The Silent Language*. New York: Doubleday.

Hofstede, G. (1980) *Culture's Consequences: International Differences in Work-Related Values*. Newbury Park, CA: Sage.

Hofstede, G. (1994) Business Cultures. *UNESCO Courier, 47*(4), pp.12–16.

Hofstede, G. (2001) *Culture's Consequences: Comparing Values, Behaviours, Institutions and Organizations Across Nations* (2nd ed.). Thousand Oaks: Sage Publications.

Holec, H. (1981) *Autonomy and Foreign Language Learning*. Oxford: Pergamon Press.

Kramsch, C. (1998) *Language and Culture*. New York: Oxford university press.

Hutchins, E. (1991) Organizing work by adaptation. *Organizational Science,*

2(1), pp.88–115.

Lave, J. & Wenger, E. (1991) *Situated Learning Legitimate Peripheral Participation*. Cambridge University Press.

LeCompte, M. D. & Schensul, J. J. (1999) *Analyzing and interpreting ethnographic data*. Walnut Creek, Calif.: AltaMira Press.

Leont'ev, A. N. (1978) *Activity, consciousness and personality*. Englewood Cliffs: Prentice-Hall.

Li, X. & Umemoto, K. (2010) Toward an Integrated Approach to Teaching Japanese Language and Culture: A Knowledge Perspective. *Intercultural Communication Studies, 19*(2), pp.285–299.

Li, X. & Umemoto, K. (2013) Knowledge Creation through Inter-Cultural Communication in Multi-Cultural Groupwork. *Intercultural Communication Studies, 21*(1), pp.229–242.

Lo Bianco, J. (2003) Common Themes. In J. Lo Bianco & C. Crozet (Eds.), *Teaching Invisible Culture-Classroom Practice and Theory*. Melbourne: Language Australia Ltd.

Meyer, B. & Sugiyama, K. (2007) The concept of knowledge in KM: A dimensional model. *Journal of Knowledge Management, 11*(1), pp.17–35.

Miller, J. P. (1993) *Holistic Curriculum*. OISE, Toronto, pp.4–7.

National Standards in Foreign Language Education Project (1999) *Standards for Foreign Language Learning in the 21st Century*. Lawrence, KS: Allenpress.

Neisser, U. (1988) Five kinds of self-knowledge. *Philosophical Psychology, 1*(1), pp.35–59.

Nonaka, I. (1994) A Dynamic Theory of Organizational Knowledge Creation. *Organizational Science, 5*(1), pp.14–37.

Nonaka, I. & Takeuchi, H. (1995) *The Knowledge-Creating Company: How Japanese Companies Create the Dynamics of Innovation*. New York: Oxford University Press.

Nonaka, I., Toyama, R., & Konno, N. (2000) SECI, Ba and Leadership: A Unified Model of Dynamic Knowledge Creation. *Long Range Planning, 33*, pp.5–34.

Oshima, J. (2005) The design study as a new culture of the lesson study. In K. Yamazumi, Y. Engestrom, & H. Daniels (Eds.), *New Learning Challenges: Going beyond the Industrial Age System of School and Work*. Suita, Osaka: Kansai University Press.

Paige, R. M. (Ed.) (1993) *Education for the intercultural experience*. Yarmouth, ME: Intercultural Press.

Polanyi, M. (1966) *The Tacit Dimension*. Garden City, NY: Doubleday and Co.

Refaiy, M. & Labib, A. (2009) The effect of applying tacit knowledge on maintenance performance: an empirical study of the energy sector in the U. K. and Arab countries. *Knowledge Management Research & Practice, 7*(3), pp.277–288.

Reynolds, M. (1994) *Groupwork in Education and Training: Ideas in Practice*. London: RoutledgeFalmer.

Risager, K. (2012) *Linguaculture*. The Encyclopedia of Applied Linguistics. Wiley Online Library.

Robinson, G. L. N. (1988) *Crosscultural Understanding*. London: Prentice Hall.

Rogers, C. (1983) *Freedom to learn for the 80s*. Columbus, OH: Charles E. Merrill.

Sapir, E. (1995) The Unconscious Patterning of Behavior in Society. In B. G. Blount (Ed.), *Language, Culture, and Society: A Book of Readings* (2nd ed., pp.29–42). Long Grove, Illinois: Waveland Press.

Sato, M. (2005) Toward dialogic practice through mediated activity: Theoretical foundation for constructing learning community. In K. Yamazumi, Y. Engestrom, & H. Daniels (Eds.), *New Learning Challenges: Going beyond the Industrial Age System of School and Work*. Suita, Osaka: Kansai University Press.

Scharle, A. & Szabo, A. (2000) *Learner Autonomy: A Guide to Developing Learner Responsibility*. Cambridge: Cambridge University Press.

Schiffman, H. F. (1996) *Linguistic Culture and Language Policy* (pp.56–59). London: Routledge.

Seelye, H. N. (1984) *Teaching Culture: Strategies for Intercultural Communication*. Lincolnwood, IL: National Textbook Company.

Smolicz, J. J. (1980) Language as a core value of culture. *RELC Journal, 11*, pp.1–13. Singapore: Regional Language Centre.

Spradley, J. P. (1979) *The Ethnographic Interview*. Fort Worth, TX: Harcourt Brace Jovanovich.

Sternberg, R., Forsyth, G. B., Hedlund, J., Horvath, J. A., Wagner, R. K., & Williams, W. M. (2000) *Practical Intelligence in Everyday Life*. Cambridge: Cambridge University Press.

Street, B. V. (1993) Culture is a Verb: Anthropological aspects of language and cultural process. In D. L. Graddol & M. Byram (Eds.), *Language and Culture*. Clevedon: BAAL and Multilingual Matters.

Triandis, H. C. (1996) The psychological measurement of cultural syndromes.

American Psychologist, 51, pp.407–415.

Tsoukas, H. (1996) The Firm as a Distributed Knowledge System: A Constructionist Approach. *Strategic Management Journal, 17*(SI), pp.11–25.

Tsoukas, H. (2003) Do we really understand tacit knowledge? In M. Easterby-Smith & M. A. Lyles (Eds.), *The Blackwell Handbook of Organizational Learning and Knowledge Management* (pp.411–427). Cambridge, MA: Blackwell Publishing.

Tylor, E. B. (1871) *Primitive Culture*. New York, NY: J.P. Putnam's Sons.

Vygotsky, L. S. (1962) *Thought and Language*. Cambridge, MA: MIT Press.

Vygostsky, L. S. (1978) *Mind in society: The development of higher psychological processes*. Cambridge: Harvard University Press.

Weber, S. (2003) Boundary-crossing in the context of intercultural learning. In T. TuomiGrohn & Y. Engestrom (Eds.), *Between school and work: New Perspectives on transfer and boundary-crossing* (pp.157–177). Pergamon An Imprint of Elsevier Science.

Weaver, G. (1986) Understanding and Coping with Cross-cultural Adjustment Stress. In R. M. Paige (Ed.), *Cross-Cultural Orientations: New Conceptualizations and Applications* (pp.111–145). Lanham, MD: University Press of America.

Werner, O. & Schoepfle, G. M. (1987) *Foundations of Ethnography and Interviewing*. Newbury Park: Sage.

索引

[A] ASCIモデル……186
[B] BBS……33
[C] Class Share……169
[M] M-GTA……34
[S] SECIモデル……13, 165, 185

[あ] アクティブ・ラーニング……17
暗示的知識……7
暗黙知……2
[い] 意見構築……141
意見の統合……75
位置づけ……108
[う] ヴィゴツキー……18
[え] エンゲストローム……18
[か] 外言……2
外的文化……6
介入……48
学習活動……19
学習者主体……31, 84
学習者主体の総合活動型教育
……24
拡張された自己……156
価値観……185
活動……102, 181
活動システム……17
活動動機……50
活動理論……18
考えの変遷……59
観察誌……33
感情的なコミュニケーション
……181
[き] 帰属感……10, 109
既有知識……167
教師との関連度……144
共通認識……63
協働……17, 161
協働学習……22
協働作業……61
共有する……155
[く] クリエイティブな議論力……179
クリエイティブ・ラーニング
……163, 164, 185
クリティカルな思考力……179

グループディスカッション
……46
グループワーク……25
グループワークのプロセス
……140
グローバル人材育成……169
[け] 経験知……160
形式知……2
言語化……46
言語学習……115
言語作用……118
言語伝達……107
言語能力……115, 120
言語文化……4
[こ] 構成配置……161
行動規範……57, 108
個人尊重……164
個人の文化……11
個人レベル……10
個人レベルの言語的知識……145
個人レベルの言語的知識の変容
……107
個人レベルの文化的知識……142
個人レベルの文化的知識の変容
……108
[さ] 作業……181
[し] 思考可視化……31
思考過程……77
思考過程の共有……54, 78
思考的なコミュニケーション
……181
思考の可視化……78
思考パターン……185
自己概念……156
自己認識……106, 121
自己評価……66
自然発生……84, 150
質的データ……34
自文化……10
社会化……49
社会認識……109
社会レベル……10
集団レベル……10
集団レベルの言語的知識……142

	集団レベルの言語的知識の変容……107
	集団レベルの文化的知識……142
	集団レベルの文化的知識の変容……109
	授業への参与度……146
	受講動機……106
	主体的な参加者……175
	状況的学習……21
	情報伝達ルール……182
	自律学習……21
	深層にある暗黙知……185
[す]	スパイラル……160
[せ]	セルフ・ナレッジ……105, 156
[そ]	総合的学習……23
	相互作用……171
	相互自己評価……32
	創造的側面……2
	創造的な学習……185
	創造的な活動……75
	組織的知識創造理論……12
[た]	体系的な学習……183
	対人関係の自己……156
	第二言語習得……1
	対話……50, 150
	他者とのつながり……63
	他者評価……66
	多文化グループ……163
[ち]	知識の変容プロセス……185
	直接対面の対話……159
	直感的に体得……183
[て]	適切な介入……72
[と]	動機づけ……102
	統合する……155
	統合知……160
[な]	内言……2
	内省……60
	内省する……155
	内的文化……6
	仲間意識……84
	ナレッジリーダー……157
	ナレッジ・リーダーシップ……14
[は]	場……13, 171
	バーチャルな対話……159

	場づくり……64, 148
[ひ]	表現する……155
	表層的な学習……185
[ふ]	ファシリテーション……28
	ファシリテーター……27
	プライベートな自己……156
	雰囲気づくり……72
	文化……3
	文化間移行……9, 10
	文化的気づき……53
	文脈の知識……159
[ほ]	包容性……101
	母語獲得……1
	補助役……175
[ま]	まとめ……102
	学びの〈場〉……160
[み]	見守り……72
[め]	明示化……155
	明示的知識……7
[れ]	レオンチェフ……18
	連帯感……68

[著者]　李 曉燕（LI XIAOYAN　り ぎょうえん）
九州大学大学院比較社会文化研究院助教。北陸先端科学技術大学院大学（JAIST）知識科学研究科修了。博士（知識科学）。大連外国語大学日本語学科助教・講師、北陸大学国際交流センター講師を経て、2013年より現職。専門は、知識科学の観点による第二言語習得論、多文化理解。主な論文に、「Toward an Integrated Approach to Teaching Japanese Language and Culture: A Knowledge Perspective」（2010年、*Intercultural Communication Studies*, *18*(2), pp.285–299）、「Knowledge Creation through Inter-Cultural Communication in Multi-Cultural Group work」（2013年、*Intercultural Communication Studies*, *21*(1),pp.229–242）、著書に『日本語教材研究の視点』（2016年、くろしお出版）などがある。博報財団第10回「児童教育実践についての研究助成」優秀賞受賞。

日本語教育学の新潮流 20

「多文化グループワーク」による言語と文化の創造学習
知識科学の視点から見るアクティブ・ラーニング

2017年12月28日　初版第1刷発行

著者………………李 暁燕
発行者……………吉峰晃一朗・田中哲哉
発行所……………株式会社ココ出版
　　　　　　　　〒162-0828
　　　　　　　　東京都新宿区袋町25-30-107
　　　　　　　　電話 03-3269-5438
　　　　　　　　ファックス 03-3269-5438

装丁・組版設計………長田年伸
印刷・製本……………モリモト印刷株式会社

ISBN 978-4-904595-96-1